Seadove

U0546426

Seadove

Seadove

Seadove

南華經

莊子

中國人兩千年來的心靈導師

清初文學評論家金聖歎評定「六才子書」，以莊子為第一才子，《莊子》為「天下第一才子書」！

《莊子》一書，是戰國中期莊子及其後學所著。唐玄宗天寶元年，詔封莊子為南華真人，尊其書為《南華真經》（又稱《南華經》），與《老子》、《周易》合稱「三玄」。

秦榆 著

禍輕乎羽，莫之知載；禍重乎地，莫之知避！

前言

中國的哲學起源可以追溯到先秦諸子百家思想，其中尤以儒、道兩家為主流，而莊周的《莊子》可謂是道家思想的傑出代表。與儒家強調積極入世，並以「修身、齊家、治國、平天下」為己任相反，道家崇尚出世，由老聃的「無為而治」到莊周的「無為而無不為」，莊周在這條路上走得比老聃更遠。

古人常用「入則孔孟，出則老莊」自處和處世，道家之老莊實在是華夏民族在孔孟儒學、宋明理學的束縛之下，能夠觀照人的本性，心靈可以自由遨遊的家園。「無為」就是道家思想的核心。「無為」是因，是一個過程，是對人們行為和思想強求的否定；「逍遙」是果，它是人們在執行「無為」這個指令或程式之後的結果，是一個狀態，是人的精神處於一種自由自在、不受約束的狀態。

隨著人類的發展，社會的進步，馬車代替了步輦，汽車又取代了馬車，人們因此獲得了許多的便捷，但同時人們不得不加快腳步來跟上這個社會的步伐。在追趕之中，逐漸迷失在對豪宅、名車、美食的渴望之中，找不到方向，偶爾停下來，才想起來問問累得氣喘吁吁的自己：「我活著為什麼這麼累？人不可以活得輕鬆自在一點嗎？」莊子的「無為而無不為」可以打開你心靈的枷鎖，莊子的逍遙處世可以讓你的人生更輕快。

首先你要正確認識自己。你是茫茫宇宙中的一顆塵埃，所以你不要狂妄自大；你是歷史長河中轉瞬即逝的一顆流星，雖然短暫，卻能發出獨一無二的美麗光芒。因此你不要妄自菲薄，要「體性抱神，以遊世俗之間」。

既然在時空之中，你短暫而渺小，在那些比自己生命更短暫而渺小的得失、恩怨、寵辱面前，你是否可以把它們看得平淡，視其為生命的點綴？

「道行之而成，物謂之而然」，在你的一生中總要做一些自己喜歡的事情，也許你還有一些小小的心願，想把它們做得精彩一點，這個時候你千萬要記住「無為而無不為」，有取有捨，輕鬆自在。

一部《莊子》，成就多少文人雅士，例如：陶潛、李白……相信你也會因此過上如流水一樣自在、似行雲一樣逍遙的人生！

目錄

第三章：隨風逍遙，快樂人生

第四章：肯定自我，保持本色

第七章：適時無為，則無不為

第八章：厚積薄發，水到渠成

第九章：不將不迎，順應自然

第十章：不巧若拙，大智若愚

第十一章：君子之交，淡如水

附錄：《莊子・逍遙遊》《莊子・齊物論》

第一章：莊子其人其書

莊子一生都在追求至道，返璞歸真，鄙視功名利祿，求得自身的逍遙，莊子的書大多是經由對各家學派的批判，表達自己的思想。在當今社會，有和莊子一樣的逍遙心態，會讓你保有一份閒適，一份快樂。

莊子其人

莊子一生都在追求至道，返璞歸真，他把一切社會的倫理道德，包括當時人們的基本道德觀念中的孝悌仁義和忠信貞廉視為對人們追求至道的束縛給予否定，在當時具有很大膽的反抗精神。

莊子，名周，戰國中期宋國蒙城（今河南商丘縣東北）人，生卒年不詳。一般認為大約生於西元前三六九年，卒於西元前二八六年。

莊子曾經是宋國管理漆園（製漆的地方）的小官吏，不知是因為他不善管理還是瞧不起這種有累身心的工作，最終被罷免。為了生活，他以賣草鞋為業，但經常入不敷出，甚至靠借貸度日。一日，莊子的家又斷了糧，去向監管河水的官吏借米。監河官藉口說：「好吧！等我收了采邑的稅金，就借給你三百金，可以吧？」莊子家正需要米煮飯，監河官卻推說要收稅以後才借給他。莊子非常生氣，板著臉諷刺監河官說：「我昨天來的時候，中途聽到有呼喚我的。我回頭在車輪輾過的地方，看到一條鯽魚。我問牠：『鯽魚啊，你在這裡做什麼？』牠回答：『我是東海的水官。你有斗升之水可以救活我嗎？』我說：『可以。等我前去遊說吳越國的國王，請他們引西江水來救你，可以嗎？』鯽魚板著臉說：『我失去了水，就沒有容身之處。我只需斗升之水就可以活命，你這樣說，還不如早點到乾魚市場找我去吧！』」

貧困的生活並沒有使他頹廢，卻使他從中尋找到快樂，求得身心的解脫。

莊子為人非常清高孤傲，不求功名利祿。當時，學識淵博、能言善辯的惠施被魏惠王任命為相，莊子特意到魏國去拜訪他。這個時候，有人對惠施說：「莊子來是想代替你做魏相。」惠施是一個好名利的人，生怕別人搶走他的相位，就下令在國內搜尋莊子，找了三天三夜，也沒有搜到。

莊子反而主動找上門，對惠施說：「南方有一種鳥，名叫鵷雛（鳳凰一類的鳥），你知道嗎？鵷雛從南海飛到北海，不是梧桐樹牠不棲息，不是竹子的果實牠不吃，不是甜美的泉水牠不喝。一隻貓頭鷹找到了一隻腐爛的老鼠，鵷雛剛好飛過；貓頭鷹怕牠來搶食，就仰起頭威脅性的叫了一聲『嚇！』現在你想用你的魏國相位來嚇我嗎？」

莊子又去拜見魏惠王。他穿一件打著補丁的粗布衣服，腳穿一雙用麻繩綁著的破鞋子。魏王對莊子的大名早有耳聞，如今看到的卻是這樣的一副寒酸相，忍住笑意，揶揄道：「先生，你怎麼會這樣疲困？」

莊子很高傲的回答：「這是貧窮，並非疲困！讀書人有理想卻不能實行，這才是疲困啊！衣服陳舊、鞋子破爛，這只是貧窮，但不是疲困，這就叫做生不逢時啊！大王您沒有見過跳躍飛騰的猿猴嗎？當牠爬在楠、辛、豫、樟等大樹上的時候，攀緣著樹枝，在那裡自得其樂，即使善射的羿和逢蒙也奈何不了牠。等到牠跳落在柘、棘、枳、枸等多刺的樹叢中時，即使小心謹慎，內心還是戰慄不已；這不是筋骨受了束縛而不靈活，而是處於不利的情勢下，無法施展牠的才能啊！現在正是昏君亂相的時代，想要不疲困，怎麼可能？像比干被剖心，不是一個明顯的例證嗎？」

莊子不僅鄙視名利，甚至喜歡在山水之間，逍遙遨遊，怡情樂性，使得在肉體上能夠脫離現實，免受動亂社會的戕害；在精神上卻能以一種積極主動的姿態，超凡脫俗，翱翔於幻想的精神世界之中，莊子在遨遊山水之中感悟人生真諦。

他在魏國的雕陵栗園遊玩時，看見一隻奇怪的鵲從南方飛來。這隻鵲的翅膀有七尺寬，眼睛的直徑有一寸長。這隻怪鵲碰到了莊子的額頭，後來在栗樹林中停住了。莊子對牠感到很奇怪，自言自語的說：

「這是什麼鳥？翅膀這麼大卻飛不遠，眼睛這麼大卻目光遲鈍。」於是提著衣服悄悄的跟了過去，拿著彈弓窺伺牠的行動。這個時候，他又看見一隻蟬，藏在一片樹葉的下面，有一隻螳螂突然從一個隱蔽的地方跳出來抓住了它。螳螂正在得意之時，那隻怪鵲乘機抓住它。莊子看到這一幕怦然心動：「人們只顧貪戀追求名利卻喪失自己的真性，不是和這很相似嗎？」他心有餘悸的說：「唉！物類相互累害，這是由於兩者相互招引貪圖小利所致！」於是丟下彈弓就走。這個時候，管栗園的人誤認為他偷了栗子，於是過來罵他一頓。

莊子回去後，三天都不高興。他的學生藺且問他：「先生為什麼最近鬱鬱寡歡？」莊子回答：「我為守護形體而忘記自己，觀照濁水反而對清泉迷惑了。我聽老師說：『到了一個地方，就要合乎那裡的風俗習慣。』現在我去雕陵遊玩而忘乎所以，怪鵲碰到我的額頭，飛到栗樹林裡也忘記真性。被管園子的辱罵，所以感到不愉快。」

在喧囂的生活中尋求一份逍遙，讓自己的人生變得自在，不失為一種高妙的做人心態。

莊子其書

莊子處於百家爭鳴的繁榮時期，為了捍衛自己的學說，他對以儒家為首的各家各派都給予了批判。

首先，他對各家學說的支離破碎做了整體批判，他說：「天下大亂，賢人和聖人的作用不能被發揮，道德不能統一，天下的學者大多數只看到問題的一個方面，而看不到整體。就像耳朵、眼睛、鼻子、嘴巴，都有各自的用處卻不能相通。猶如各家的學說，各種技藝，都有各自的長處，在適當時候表現出各自的用途一樣。儘管如此，但各家都不能包容全部，只是一些人掌握著一己之見。他們分裂了天地的整體之美，把萬物的道理搞得支離破碎。試看古代的全德之人，很少有能夠具備天地的整體之美和神明的表現相稱。所以，內聖外王的道理，被掩蔽起來卻得不到闡明，被堵塞起來卻得不到發揮。天下的人都按照自己的想法做事，並把各自的想法當作道，實在是可悲！各家都在迷途上前進而不能返回正道，無法合於大道是必然的。後代學者的可悲之處就在於不能看到天地的純真，以及古人的全貌，道術就被這樣弄得支離破碎。」

其次，莊子又分別對墨翟、禽滑釐、宋鈃、尹文、彭蒙、田駢、慎到、惠施、桓團、公孫龍等人的學術觀點進行批判。

他對墨子的一些言論做了批判：「墨子稱讚自己的道術：『過去禹在治理洪水的時候，疏通長江、黃河，四方邊遠的地方和九州，著名的大河有三百，支流有三千，小河流無數。禹親自拿著土筐和掘土的耜，疏通了天下的河流，累得他大腿上的肉沒有了，小腿上的毛掉光了，沐浴在暴風雨中，狂風梳理了他的頭髮，終於安定了萬國。禹真是一位大聖人啊！他為天下的勞苦到了這般地步。』他要求後代的墨者用粗布做衣服，穿木製或草編的鞋子，白天夜晚不停的勞作，視吃苦耐勞為最高準則。他說：『不這樣做，就不符合禹的主張，就不能把他稱為墨者。』相里勤的弟子五侯那些人，南方的墨者如苦獲、己齒、鄧陵子那些人，都誦讀《墨經》，但是取捨各不相同，並且相互斥責對方的『別墨』。以堅白、同異之類的辯論相互詆毀。將那毫無共同點的言論，加以調和使之相應，把巨子當作聖人，都心甘情願的尊奉巨子為主師，希望後世能繼承他的事業，因而至今墨家的傳統沒有斷絕。墨翟、禽滑釐的心意是好的，但他們的做法卻是錯誤的。他使後代的墨者一定要刻苦自勵，弄得大腿上沒有肉，小腿上掉光毛，只會相互競爭。亂天下之罪多，治天下之功少。雖然這樣，墨子卻是真心的要把天下治理好。他要拯救天下卻沒有實現，即使累得憔悴不堪也不放棄他的主張，真是一位有才能的人啊！」

莊子對他的好友惠施的學說進行嚴厲的批評。他說：「惠施的學術廣博，著作有五車之多。他所講的道是駁雜不純的，他所講的話不符合大道。他觀察分析事物的道理，結論是：最大的無所不包，沒有邊界的，可以把它稱作『大一』；最小的什麼也不能包，沒有內核了，可以把它稱『小一』。沒有明顯厚度，就不可以累積，卻可以伸到千里。天和地是一樣低，山和澤是一樣平。太陽剛正中，卻立刻偏西了。萬物剛出生，生長的同時就走向死亡。大與小既相同又相異，這叫做『小同異』；萬物完全相同，又完全不同，這叫做『大同異』。南方是沒有盡頭的，也可以說是有盡頭的。今天動身到越國，昨天卻已經到了。連環是可以解開的。我知道天下的中心，在燕國的北面和越國的南面。普遍的愛著萬物，天地之間本就屬於一個整體。」

「惠施把這些當作偉大的真理，並把這些話講給天下人聽。愛辯論的人都願意和他討論以下問題：卵中有毛；雞有三隻腳；楚都郢可以包容天下；狗可以是羊；馬有卵；蛤蟆有尾巴；火是不熱的；山是有口的；車輪是不輾地面的；眼睛是看不見東西的；物的共相是感覺不到的，物的個體是綿延不絕的；烏龜比蛇長；曲尺不能畫方，圓規不能畫圓；鑿出的孔是不能圍住木枘的；飛鳥的影子不曾移過；箭頭飛速的運行著，有不前進不停止的時候；狗不是犬；和一頭黃馬一匹驪牛可以稱作三；白狗是黑的；孤駒不曾有母親；一尺長的棍子，每天截取一半，永遠也截不完。辯者們拿這些問題跟惠施辯論，永遠沒完沒了。」

除此之外，批判最多的還是儒家學說。

在今本〈胠篋〉篇中，莊子認為，聖智禮法的創設本來是用於防盜制賊，但反被盜賊竊取來作為護身的名器，張其恣肆之欲，來為害民眾。莊子透過一個名叫跖的大盜之口，提出了「盜亦有道」，並把聖、勇、義、智、仁五種儒家推崇的德行巧妙的與盜賊的行為連在一起，形成對儒家學說的絕妙諷刺。他還提出「竊鉤者誅，竊國者為諸侯，諸侯之門而仁義存焉」、「聖人生而大盜起」、「聖人不死，大盜不止」之說，對儒家仁義、聖人之說進行批判和諷刺。

在〈盜跖〉篇中，莊子用寓言形式講了幾個故事。一為孔子帶著學生顏回和子貢去拜訪盜跖，想勸盜跖改過，盜跖反而把孔子稱作「魯國之巧偽人」，並指責他「作言造語，妄稱文武」，「不耕而食，不織而衣」，使得天下學士不反本業，還「妄作孝弟」來僥倖求得封侯富貴。他批評儒家推崇的聖王，自堯舜以至武王，都是用利來迷惑人的本真而強迫他們違反自然的性情。還說歷代的忠臣都不得好死。二為孔子的學生子張和滿苟得的對話。子張宣導信義禮仁和貴賤倫序，以求顯榮利達；滿苟得則主張士人的行為，應該順著自然的本性，批評儒家說一套，做一套。透過「堯殺長子，舜流母弟」之事，來駁斥儒家的等級倫常思想。

在〈漁父〉篇中，講的是孔子坐在林中的杏壇休息，正在一面彈琴，一面唱歌之時，被一個白眉被髮的漁父訓斥了一頓的寓言故事。透過這故事，批評儒家「擅飾禮樂，逆人倫」；指責孔子「苦心勞形以危其真」，提出「謹修其身，保持本真，使人與物各還歸自然。」

以上三篇文章都是對儒家仁義、聖人、禮樂倫常思想的批判。雖然歷代學者對這三篇文章的作者持有懷疑，認為可能不是莊子所作，但它代表了道家對儒家的態度卻是事實。

無才無德，高官厚祿，只是曇花一現，只有奉行大道而立德，才能得道。

推崇至道，超脫世俗

現實生活中與莊子交遊的人不多。根據《莊子》記載，與他交遊對話的只有東郭子、宋太宰蕩、曹商、惠施等人。

東郭子問道於莊子。他說：「你所說的道，到底在什麼地方？」

莊子說：「無所不在。」

東郭子要他具體的指出道究竟存在於什麼地方，莊子隨手指著地下的螞蟻說：「在螞蟻身上。」

東郭子見他這樣褻瀆他所尊崇的道，感到非常吃驚，他懷疑自己是不是聽錯了，接著問：「怎麼會這樣卑下？」

莊子又指著屋外田野裡說：「在梯稗草裡。」

東郭子更吃驚，連忙又問：「怎麼更卑下？」

莊子又指著房子說：「在磚瓦堆裡。」

東郭子更不明白了。莊子先說道存在於低賤的螞蟻身上，已經很卑下，但是螞蟻雖賤，畢竟還是生靈；後來又說道在梯稗草中，梯稗不僅沒有靈性，而且還是農夫要剷除的害草，比螞蟻更低賤卑下；存在於磚瓦堆裡，磚瓦沒有生命，比草還更低賤卑下。在他看來，道是偉大的、高尚的、純潔的，怎麼可能存在於這些低賤之物中？所以他非常疑惑的又問：「怎麼越來越卑下？」

莊子又指著廁所說：「在屎尿裡。」

東郭子以為莊子是在戲弄他，氣得說不出話來。莊子見他鐵青著臉不說話，猜到了他的心思，就對他說：「先生所問的，本來就是沒有接觸到的實質。曾經有一個名叫獲的市場監督官問屠夫關於檢查豬肥瘦的方法，屠夫說越往豬的下身摸就越能摸出豬的肥瘦。你不要想得太絕對，道是不會脫離具體事物的。不僅最高的道是這樣，最偉大的言論也是如此。『周』、『遍』、『咸』三種講法，字面上雖不同而實際一樣，其內在的含義是相同的。」

說到這裡，他見東郭子氣色已經緩和不少，又繼續說：「讓我們試著一起來遨遊虛幻的空境吧！整體來說，那裡是無邊無際的。試著無所作為吧！淡泊而寧靜吧！漠然而清靜吧！和諧而閒適吧！我的內心是如此的空虛，要去時不知要到哪裡，返回來也不知到何處，來去不知哪裡是目的地；馳騁在廣闊虛無的境地，有智慧的人進來也弄不清楚邊際何在。道與物是沒有界限的，物與物卻有界限，就是所謂物界。沒有界限的道又有界限，是因為有界限的物中包含無限的道。說到充盈虛虧，衰敗肅殺，道使萬物有充盈虛虧而本身卻沒有充盈虛虧，使萬物衰敗肅殺但本身沒有，使萬物有本末之分但自身卻沒有本末之分，使萬物出現聚散變化而本身卻沒有聚散變化。」

莊子曾經和宋國的太宰蕩討論仁孝問題。太宰蕩問莊子仁為何物？莊子回答：「虎狼是仁。」對於什麼是「仁」，各家各派雖然有不同的解釋，但無非是從親、愛的角度來講。虎狼殘忍成性，正是反仁之道，怎麼可以說虎狼是仁？太宰蕩當然知道莊子善說寓言故事，但並非是信口開河之人，於是問：「這句話怎麼說？」

莊子說：「虎狼父子相親愛，怎麼不是仁？」

太宰蕩見他從這個方面來說，也就無話可說。他又問：「什麼是『至仁』？」

莊子說：「至仁就是沒有親情。」

說虎狼是仁已經很勉強，但莊子卻說虎狼父子相親愛，卻還可以接受。但是現在又說：「至仁就是沒有親情」，就讓人無法理解。於是，太宰蕩據理反駁：「我曾經聽說，沒有親情就不會去愛，不愛就談不上孝順。能說至仁就是不孝嗎？」

莊子不以為然的說：「不對。至仁太崇高了，孝本來就不足以來說明它。這不是說它超越了孝，而是說它與孝沒有關係。向南行走的人。走到楚國的郢都，向北看是望不到冥山的，為什麼？距離太遠了。所以說，用尊敬來履行孝道容易，要忘記親情就困難了；要忘記親情容易，要忘記我就困難了；讓親人忘記我容易，讓我忘記天下人就困難了；忘記天下人容易，讓天下人都忘記我就困難了。具備天德的人連堯、舜這樣的明主都會忘記而不願意做，造福子孫萬代，天下卻無人知道，難道只是嘆息著奢談仁愛忠孝嗎？孝悌仁義、忠信貞廉都是人們用來勉勵自己而束縛天德的，不足以稱道。所以，『至貴』就是連國君的寶座都毅然拋棄，『至富』就是傾國的財富也不屑看一眼，『至願』就是把一切名譽都拋個乾淨。正因為這樣，道是不可改變的。」

莊子一生都在追求至道，返璞歸真，把一切社會倫理道德，包括當時人們的基本道德觀念——孝悌仁義、忠信貞廉，都作為對人們推崇至道的束縛而給予否定，這種反抗在當時是需要超人的膽識。

逍遙於世，我行我素

莊子一生中與惠施接觸最多。莊子在惠施任魏相時曾經到過魏國，後來惠施被張儀所逐，逃到楚國，又被楚王送到宋國。惠施此時正值官場失意，向來好辯善辯的他正好與莊子來往辯難。此時的他們既是相互批評攻擊的論敵，又是互相尊敬的好友。《莊子》一書中就保留了許多二人之間的辯論。

莊子所追求的是絕對的精神自由，他所探討的是存在於螞蟻、梯稗、磚瓦甚至屎溺之中無所不在的道，他所主張的是無為。這些學說都與當時社會急需解決的如何強化統治和富國強兵，怎樣兼併土地和打敗對手等問題毫無關係，因此惠施批評莊子：「你的言論沒有多大用處。」

莊子當然清楚惠施是批評他的學說與社會需要相差太遠。但是，如果從哲學的角度來看這個問題，有用與無用就是相對的，沒有無用也就沒有有用。莊子正是採取避實就虛的方法，只從有用與無用的相對性來駁斥惠施。他說：「知道無用才能和他談有用。天地廣袤無垠，沒有邊際，但人所用的只是容足之地。然而，如果把立足以外的地方都挖到黃泉，人們所站的這塊地方還有用嗎？」

惠施點頭說：「確實沒有用。」

莊子說：「那麼，無用的用處就很明顯了。」

在惠施看來，莊子的學說離現實太遠了，宏觀的超越了人們的實際生活，空虛玄遠，大而無有，於是批評說：「我有這樣一棵大樹，人家都叫它做『樗』。它的樹幹盤結而不合繩墨，它的小枝彎曲而不合規矩，長在路上，匠人們都不看它。而今你的言論，大而無用，大家都拋棄。」

莊子回答：「你沒見過貓和黃鼠狼嗎？牠們或低伏著身體，安靜的等待出遊的小動物；或東西跳躍掠奪，不避高低，卻常踏中機關，死於網羅之中。再看那隻犛牛，龐大的身體好像天邊的雲，雖然不能捉老鼠，但是牠的作用很大。現在你有這麼一棵大樹，還愁它無用，為什麼不把它種在虛寂的鄉土，廣漠的曠野，任意的徘徊於樹旁，自在的躺在樹下。不遭斧頭砍伐，沒有東西來侵害它。即使沒有什麼用處，但是又有什麼害處？」

莊子認為，每樣東西都有自己的用處，大有大的用處，小有小的用處，從哲學角度來講，沒有什麼「大而無用」的東西，「無用」本身就是「大用」，因而惠施對他的批評就無著落之處。但是，惠施對此仍然不肯罷手，繼續批評莊子「大而有用」的說法，他對莊子說：「魏王送我一顆大葫蘆的種子，我將它種下使其成長，結出的果實有五石之大；用來盛水，它的堅硬程度卻不夠；把它割開來做瓢，卻又沒有像大水缸一樣的容量。不是不大，但我認為它無處可用，就把它砸碎了。」

莊子反駁說：「你真是不會使用大的東西啊！有一個宋國人，善於製造讓手不龜裂的藥物，他家世世代代都以漂洗絲絮為業。有一個客人聽說之後，願意出百金收買他的藥方。於是聚合全家來商量說：『我家世世代代漂洗絲絮，只得到很少的錢，現在賣出這個藥方就可以獲得百金，還是賣了吧！』這個客人得了藥方，就去遊說吳王。正值越國侵犯，吳王就派他為將，冬天和越人水戰，因為有此藥，大敗越人，於是吳王割地封賞他。同樣一個讓手不龜裂的藥物，有人因此而得到封賞，有人卻只是用來漂洗絲絮，這就是使用方法的不同。現在你有五石之大的葫蘆，為什麼不當作舟使其浮游於江湖之上，卻愁它太大無處可容？可見你的心還是如茅塞一樣不通啊！」

莊子與惠施還曾經對人的有情與無情進行辯論。惠施認為人是有情之物，而莊子正好相反，說人是無情之物。惠施問莊子：「人是無情的嗎？」

莊子說：「是的。」

惠施反駁：「人如果沒有情，怎麼能叫做人？」

莊子回答：「道給了人容貌，天給了人形體，怎麼不能叫做人。」

雖然道和天給了人們的形體容貌，但情由何生，人是否有情，莊子並沒有做正面回答。惠施見狀急忙追問：「既然稱為人，又怎麼會無情？」

莊子知道混不過去，就重新界定概念。說：「這不是我說的無情。我所說的無情，是說人不因為好惡損害自己的本性，經常順任自然而不需人為的增益。」

莊子的意思這才清楚了，他的無情是要保持精神上的恬靜，不受外界功名利祿的干擾，順任自然。

惠施一生都在與命運抗爭，他經歷無數激烈的政治鬥爭，因此在他看來，人情為人所固有，當人們的感情被激發，欲望得到滿足的時候，生命才有意義，也只有那個時候，人才成為人。所以，他不同意也不能理解莊子的順任自然，於是反駁說：「不用人去增益，怎麼可以保全自己的身體？」

莊子深知惠施一生貪戀功名利祿，斤斤計較於名實之辯，當然不懂得自然之道，於是不客氣的批評：「道給了人容貌，天給了人形體，不以好惡損害自己的本性。現在你卻驅散你的心神，勞費你的精力，倚靠在樹下歌吟，依靠几案休息；天給了你形體，你卻自鳴得意於堅白之論。」

有一次，莊子和惠施在濠水的橋上遊玩。清澈的濠水裡，魚兒游來游去，非常悠然自得。一向追求自由，以自由為最大快樂的莊子見到這種情境，立即觸發對自由的渴求，無限感慨的說：「魚兒悠然自得的游來游去，這是魚兒的快樂啊！」

惠施擅長邏輯思辨和理智思考，對莊子這種審美的移情心理很不理解，於是質問：「你又不是魚，怎麼知道魚快樂？」

惠施的提問雖然頗煞風景，但卻正中要害，莊子回答不出來。但是機智的莊子卻以避實就虛的方法，反問惠施：「你又不是我，怎麼知道我不曉得魚的快樂？」

莊子的反問是錯誤的。因為人魚異類，不能溝通，因而但凡是人，都不可能知道魚兒是否快樂。所以，惠施可以從一般推及個別知道莊子不能知道什麼，而莊子則不能由人類行為推及魚類而知道魚兒是否快樂。惠施雖然善於細析萬物之理，卻沒有抓住莊子的錯誤所在，而是採用類比推理的方法給予反駁。他說：「我不是你，固然不知道你；但你也不是魚，你也不知道魚的快樂，這是很明顯的。」

惠施是沿著莊子的思路來反駁的，採用的是以其人之道還治其人之身的方法，但是他沒有抓住莊子錯誤的實質，留下了漏洞，因此使莊子有了詭辯獲勝的機會。莊子見惠施上當，笑笑說：「請把話題從頭說起吧！你說『你怎麼知道魚的快樂』這句話，就是你已經知道我知道魚的快樂才來問我，現在我可以告訴你，我是在濠水的橋上知道的啊！」

莊子對生命有極深刻的領悟。他的妻子死了，惠施前去弔唁，看到莊子正蹲坐著，邊敲著盆子邊高歌。惠施很不理解他的行為，對他說：「你妻子和你生活多年，為你生兒育女，現在老而身死，你不哭也就算了，還要敲著盆子唱歌，這豈不是太過分了嗎？」

莊子解釋說：「不是這樣。當她剛死的時候，我怎麼會不悲傷？可是又一想，她原本就沒有生命；不僅沒有生命，而且也沒有形體；不僅沒有形體，而且也沒有氣息。在若有若無之間，變化而成氣，氣變化而成形，形變化而成生命，現在又變化回到死。這樣生死相往的變化就像春夏秋冬四季的運行一樣。當她靜息於天地之間的時候，我還啼哭，這樣做不符合自然往復運行的道理，所以才停止哭泣。」

莊子為人不求名利，不願意為官，他一生中除了早年為生活所迫做過短期的漆園吏之外，不曾再做過什麼官。當時的君主為了擴大勢力範圍，不斷的網羅人才。即使是名不見經傳的士人，只要得到君主賞識，他就可以為卿為相為將，鄒忌、商鞅、樂毅、范雎、蔡澤等人都是這樣。對那些稍有名氣的士人，更是趨之若鶩，唯恐求之不得。因此，對像莊子這樣有名氣的士人，儘管他清高孤傲，心直口快，既無韜略，也無權術，還是有人賞識。《莊子・秋水》記載：一天莊子正在濮水之上釣魚，楚威王派了兩位大夫去向他致意，說：「想有勞先生到楚國去掌管國家大事。」莊子卻手持釣竿，頭也不回的說：「我聽說楚王有一隻神龜，已經死了三千多年，楚王仍然將它用布包著、用竹盒裝著，珍藏於廟堂之內。請問，這隻龜是寧願死了留下骨頭讓人尊崇呢，還是寧願活著拖著尾巴自由自在的在泥水裡爬行？」兩位大夫想了想，回答：「當然是願意拖著尾巴自由自在的在泥中爬行！」於是莊子說：「你們請回吧！我也是願意拖著尾巴自由自在的在泥裡爬行的那種人！」

莊子認為，每樣東西都有自己的用處，大有大的用處，小有小的用處，從哲學角度來講，沒有什麼「大而無用」的東西，「無用」本身就是「大用」。

莊子

ZHUANG ZHOU

第二章：生命不能承受之重

面對激烈的社會競爭，許多人陷於超重的生活而不自知，他們整日奔波忙碌於金錢、地位、權勢，而忘記自己曾經擁有的快樂，如果你發覺自己多餘的時間太少，有些其他想做的事情無法實現，或是讓你感覺快樂的生活越來越少，你就要小心了。

至人無己，神人無功，聖人無名

【語譯】

修養最高的人忘記自我，修養較高的人無意追求功業，有學問道德的人無意追求名聲。

【原文釋評】

「至人無已，神人無功，聖人無名」這句話告訴我們，做人應該不為名譽、金錢、地位所累，則人間自有逍遙在。品格修養極好的人，明白為人處世的最高道理，在他們看來，名利皆是虛浮之事，也是身外之物。

莊子的《逍遙遊》中有這樣一件事，堯想把天下讓給許由，說：「太陽和月亮都已升起來了，可是小小的燭火還不熄滅，它跟太陽和月亮的光亮相比，不是很難嗎？雨及時降落了，可是還在不停的澆水灌地，人工灌溉對於整個大地的潤澤，不顯得徒勞嗎？先生如果成為國君，天下一定會獲得大治，可是我還佔居其位，我自己越來越覺得能力不夠，請允許我把天下交給你。」

許由說：「你治理天下，天下已經獲得大治，如果我替代你，我將為了名聲嗎？『名』是『實』所衍生出的次要東西，我將去追求這個次要的東西嗎？鷦鷯在深林中築巢，只是佔用一棵樹枝；鼹鼠到大河邊飲水，只是喝滿肚子。你還是打消念頭回去吧，天下對於我來說並沒有什麼用處啊！廚師即使不下廚，祭祀的主持人也不會越俎代庖！」

名譽有虛實之分，有些人的名譽不是經由自己的努力得來，而是經由投機取巧，蒙混過關，得一虛名，招搖過市，終有一日這種虛名就會被人戳破而狼狽不堪，濫竽充數的東郭先生就是這種人的代表。

榮譽是一個人在生活中的價值得到公眾的承認，是社會根據他的貢獻饋贈給他的，不是你可以伸手要到的，明白這個道理，才可以獲得榮譽。

【經典案例】

荷米斯是古希臘神話中天神宙斯的兒子，是專管天下商業的神靈，就像中國的財神爺一樣，他想證明他自己在人間的地位有多高，就來到人間。有一天，他化裝成顧客來到一家雕刻店，指著宙斯的頭像，問店主：「這個值多少錢？」店主告訴他值七赫拉，他又走到自己的頭像前，心想，我是商業的主管神，價值一定比宙斯的高，於是他又問：「這個值多少錢？」店主指著宙斯的像說：「假如你買那個，這個就算是贈品，不要錢。」荷米斯本來想聽聽人們對他的讚賞，想瞭解自己在人間的地位有多高，也就是想知道他的名譽怎麼樣，沒想到討了個沒趣，只好走了。

宙斯的名譽是天神的功績決定的，世人皆知，荷米斯想超過他，獲得比他還高的名譽，那是自不量力和自取其辱。

還有一些人，為了追求名利名譽，不顧自己的死活，拼命的奮鬥，不分白天和黑夜，最後雖然獲得自己想要的名利名譽，但是自己生命也耗盡了，實在是得不償失。

為了追求虛幻的東西而失去實在的生命，對每個追求成功的人來說都是不可取的。

應該做什麼事就做什麼事，不要為了虛名而活，也不要強求人家怎麼看你，只要你做出自己的貢獻，就會獲得一定的名譽。如果為了名譽而活，你就會感到活得很累，活得失去自己。

名者，實之賓也

【語譯】

名是實的影子，是次要的。

【原文釋評】

莊子是一位追求自由、樂得逍遙的名士，對楚威王的賞識不為所動，寧願做一條自由自在的魚，也不願意沾染名利。

古語有云：「雁過留聲，人過留名」，誰也不想默默無聞的過一輩子。自古以來胸懷大志者多把求名、求官、求利當作終生奮鬥的三大目標。三者能有其一，對一般人來說已經終生無憾；如果可以盡遂人願，更是幸運之極。然而，有取必有捨，有進必有退，就是說有一得必有一失，任何獲取都需要付出代價。問題在於，付出的值不值得。如果是為了公眾事業，民族和國家的利益，為了家庭的和睦，為了自我人格的完善，付出多少都值得；相反的，付出越多越可怕。

因此在求取功名利祿的過程中，要少一點貪欲，多一點忍耐，莫為名利蒙蔽你的眼睛。

蘇東坡說得好：「茍非吾之所有，雖一毫而莫取。」美名美則美矣！對於那些有正義感，有良知的人，面對不應該屬於他的美名，受之可以，坦然卻未必做得到！得到的是美名，卻也是一座沉重的大山，一條捆縛自己的鎖鏈，早晚會被壓垮。

如今的社會，每個人離不開錢，什麼事都要用錢，「有錢好辦事」也成為當下的口頭禪。錢能給人們帶來歡樂，使人們生活舒適安逸，免去饑寒交迫之苦，錢能給人帶來自信，不必張口求人，使人們辦事順利。

錢財對於人來說很重要，但世界上還有比錢更重要的東西，那就是人的品格、德行。從古到今，有錢人很多，但人們將其記住的很少，而對那些古今德高望重的聖賢，人們卻如數家珍。所以在利與義之間，君子的做法是捨利取義。

【經典案例】

南宋文學家洪邁的《容齋隨筆》中，有這樣一個故事：一年春天，有一個叫曾叔卿的人，因為家中窮得可憐，就向親友借錢買了一些罈子之類的陶器，想要運到福建去賣，以便賺幾個錢買米度日。正要走時，有人捎信給他說，福建遭水災，民不聊生，他想陶器肯定沒有人買，就暫時放在家中。有一天，一個商人路過，買下他所有的陶器，銀貨兩訖後，曾叔卿卻聽說商人買陶器是為了運到福建去賣，就趕緊說：「福建遭了水災，誰還買陶器，你把陶器退給我吧！」買主被他的高尚行為感動，推讓了好一會兒，才收下錢走了。他的妻子看到好不容易到手的錢沒了，就抱怨說：「是人家登門來買，又已銀貨兩訖，為什麼要自請退貨？如今家裡正等著錢買米，難道你不知道嗎？」曾叔卿卻笑著勸妻子：「做人貴在品節，損人利己的事情不可以做。我們寧願忍饑挨餓，也不能唯利是圖，把不好的事情推給別人。孟子說的『貧賤不能移』正是這個道理。賢妻不是常說要效法漢代樂羊子的妻子勸夫上進嗎？」妻子聽了，破涕為笑，卻又面帶幾分愧色。

曾叔卿知道捨利就意味著要忍饑挨餓，可是他為了別人不受損失，寧願忍受饑餓也把到手的錢退回去，為的是心安，是真正的忍利取義，不貪財，不被利迷惑。

在美國紐約自然博物館裡，陳列一塊數百公斤重的石頭，看上去很普通，可是仔細看，會發現這塊石頭有一個缺口，順著缺口看進去，會發現裡面是一塊閃光耀眼的紫水晶。關於此石，有一個動人的故事。它本來是扔在一個美國人院子裡的一塊廢石，因為主人覺得它有礙觀瞻，請人移走，在把它向車上搬運時，不小心掉到了地上，摔出了一個缺口，露出裡面包著的紫水晶，這是價值連城的寶物。當主人知道了真相以後，很平靜的說：「這塊石頭，我本來就是要丟掉的。現在雖然發現它是寶物，想必是上帝的旨意，我一言既出，絕不反悔。我決定不佔為己有，而將它送給博物館，讓更多的人來欣賞。」

故事雖然簡單卻說明了一個道理：面對即將獲得的利，放棄也是一種收穫，他得到好的名聲。寶物貴重，終可用金錢買到，而形象受損，萬金難贖。

這個人的做法，雖然是為了維護自己的做人原則，但是產生的作用卻已經超出這一點。紐約自然博物館每天不知要接待多少來自世界各地的遊客，當人們來到這塊石頭前，聽導遊講述它的來歷時，不管屋裡多麼喧譁，都會立刻靜下來，人們出神的望著它。這塊石頭裡不僅包著一塊水晶，還包著一顆比水晶還要貴重的心。面對名利，人們會有怎樣的想法？

人含其德，則天下不僻矣

【語譯】

每個人懷藏德行，天下就不會產生邪惡。

【原文釋評】

莊子認為，如果天下人都自覺的遵守道德，有順其自然的想法，不去強求外界，這個世界就會太平。

天下人除了有食欲、性欲兩項基本欲望以外，還有對金錢欲、名利欲等一些欲望，這是由人的社會性所決定的。但是這些欲望和前兩項比起來，不是每個人都可以實現。成為有錢人或是名人，只有非常少的人辦得到，要擁有崇高的社會地位更不容易。名來利往的世界中，又有多少成功人？

嫉妒往往被認為是一種很低級的行為，但嫉妒其實是一種很正常的情感，也是擁有健康心態的證據。看見自己很想做的事，別人可以輕易就完成，因而出現嫉妒的情緒，但卻不至於造成別人的困擾。

如果你的嫉妒讓人生充斥不滿的情緒，你是絕對無法享有快樂的生活。如果可以將嫉妒的負面情緒轉換成正面，反而就成為快樂生活的出發點。

人的欲望嫉妒有時候會實現，即反過來說，那些會讓人嫉妒的欲望，只要去努力或許是可以實現的。因此，如果你只是嫉妒卻不努力，是不可能擁有金錢、地位、幸福。試著把嫉妒轉換成努力的動力，嫉妒對你的人生而言，絕對會有正面作用。

如果你的努力無法完成你的人生目標，也就只有放棄這件事，再尋找其他可以讓你快樂的事。放棄那些很難捨棄的欲望，或許可以讓你成長。

但是，嫉妒別人不代表自己努力去實現自己生命的價值。畢竟人不能靠嫉妒來推動生命，也不會因嫉妒而停止運行。

平凡人眼中的天才擁有令全天下注目的眼光，讓人非常羨慕。想必很多人都不只一次想過，如果自己也是天才就好了，可是天才也有自身的煩惱。

【經典案例】

哲學家尼采寫過《查拉圖斯特拉如是說》等許多著作，在哲學範疇中被視為是絕無僅有的天才。但是在他生前，他的著作根本賣不出去，到了晚年甚至還發瘋了。數學家哥德爾提出很多重要的定律，可以說是二十世紀以來數學界的大天才。但是他體弱多病，也不喜歡與人交往，甚至連學會為他舉辦的六十歲慶祝活動都沒有出席。這是一般人無法理解的，也是難以做到的。

現在你還嫉妒天才嗎？或許你有了新的想法？想要成為天才，卻又不想要擁有不幸，這似乎不可能。除了少數特例，天才好像都不是那麼的幸福，這就是天才和一般人不同的地方，這或許是上天的安排吧！

一項能力測驗顯示，不管是算術、跑步，無論哪一種，測驗結果大都可以得到正規分布的曲線。普通人的平均值大概在五十，能力好的可以到七十至八十，比較差的在二十到三十之間。在平均值兩個極端的，就可以視為異常。人類身體和大腦的基本構造都是相同的，排除腦部受損的狀況，所謂的異常，是大腦的運作方式不一樣。

大腦運作方式上的差異，造就出不同的思維邏輯。反過來說，天才的大腦無法像一般人的運作模式，因此他可以能人所不能，但是有些常人會做的事，他不一定會做。

所以，不必去嫉妒別人，認清自己，會活得更輕鬆自在。

近死之心，莫使復陽也

【語譯】

他們心靈閉塞好像被繩索縛住，這說明他們衰老頹敗，沒辦法使他們恢復生氣。

【原文釋評】

莊子極力推崇逍遙之道，做人的心境要開闊自由，無拘無束。

有一個被砍斷腳趾的魯國人，前去拜見孔子。孔子卻責備他說：「你做事很不謹慎，犯了過錯才遭受這樣的刑罰，現在即使求教聖賢，可是怎麼能夠追回以往？」

那個人說：「我就是因為不懂世事人情的複雜，就輕率的投身社會，所以才被砍去腳趾。現在我來到您這裡，就是認定世上還有比腳趾更寶貴的東西存在，所以我想竭力保全它。天可覆蓋一切，地可容納所有。我把先生視為覆納全部的天地，想不到先生這樣計較外在形骸，真令人失望！」

孔子立刻察覺到自己的精神正陷入一個自我製造的籠子裡，趕緊說：「孔丘實在太淺陋了，先生何不詳細的給我指點一番大道？」

那個人什麼都沒說，轉身就離去了。孔子感嘆地說：「弟子們，要努力啊！這個斷了腳趾的人尚且努力學習，以彌補自己殘形的不足，何況健全的人？」

那個人後來對老子說：「孔丘作為一個德才完美的人來說，還差得遠哩！他幹嘛總是裝得彬彬有禮、擺出一副好學慕道的模樣？他大概是希望透過裝模作樣獲取聲譽，使自己名揚天下吧！難道不知道至人把聲望當作是束縛自己的人生枷鎖嗎？」

老子說：「你怎麼不直截了當的指教他，讓他走出心靈的樊籠？」

那個人搖搖頭說：「不可能！這似乎是老天對人的一種懲罰啊。」

正如那個失去腳趾的人所說，人善於讓自己的心處於牢籠之中，讓自己承受各種壓力，不如走出心靈的樊籠、仰望於天地之間，活得瀟灑，況且做事身心輕鬆，成功的機率就增長幾分。

當你為擁有一幢豪華別墅和一輛漂亮汽車而拼命的工作，每天晚上在電視機旁疲憊的倒下；或是為了一次小小的升遷，默默忍受主管苛刻的指責，一年到頭賠盡笑臉；為了無休無止的約會，精心裝扮，強顏歡笑，到頭來回家面對的只是一個孤獨的自己之時，你是否應該靜下心來整理思緒，它們真的那麼重要嗎？

【經典案例】

一項統計顯示，在美國社會中，一對夫妻一天只有十二分鐘時間進行交流和溝通，一週之內父母只有四十分鐘與子女相處，大約有一半的人處於睡眠不足的狀態，時間的危機實際上是感情的危機。大家好像每天都在為一些大事瘋狂的忙碌，然後疲憊不堪，沒有時間顧及其他。大家都在勞動，都在創造，但是生活真的變好了嗎？

美國心理學家大衛・梅耶斯和艾德・迪安納已經證明，物質財富是一種很差的衡量快樂的標準。人們並沒有隨著社會財富的增加而變得更快樂。在大多數國家，收入和快樂的相關性是可以忽略不計的，只有在最貧窮的國家裡，收入才是適宜的標準。

快樂是什麼？快樂來自於「簡單生活」。物質財富只是外在的虛幻，真正的快樂來自於發現真實獨特的自我，保持心靈的寧靜。

有人問：「不超重的生活是否意味著苦行僧般的清苦生活，辭去待遇優厚的工作；靠微薄存款過活，並清心寡欲？」其實並非如此，就像你有豐富的存款，如果你喜歡，就不要失去，重要的是要做到收支平衡，不要讓金錢給你帶來焦慮。

無論是中產階級，還是收入微薄的退休工人，都可以生活得悠閒而舒適，走出心理的牢籠，不要讓自己的生活感到壓抑。

如果你能走出心靈的禁錮，即使沒有海濱前華麗的別墅，只是租一間乾淨漂亮的公寓，就可以節省一大筆錢來做自己喜歡的事，例如旅行或是買一台夢想已久的攝影機。你也再用不著在主管面前唯唯諾諾，你自己就是自己的主人，升遷不是唯一能證明自己的方式，很多人從事半日制工作或是自由職業，這樣他們就有更多的時間由自己支配。而且如果你不是那麼忙，能推去那些不必要的應酬，你將可以和家人、朋友交談，分享一個美妙的晚上。

請記住不要總是把擁有物質的多少、外表形象的好壞看得過於重要，用金錢、精力和時間換取一種有目共睹的優越生活，卻沒有察覺自己的內心一天天的枯萎。

事實上，心靈的籠子是自己套上去的，走不出那種所謂的虛榮浮華，你就會活得很累，同時，也容易將自己丟失，讓自己活得快樂一些吧，因為快樂才是你來人世的根本目的。

打開你閉塞的心，恢復你原有的心靈，輕鬆面對生活，快樂會永遠伴隨著你。

故九萬里，則風斯在下矣

【語譯】

所以，鵬高飛九萬里，風就在牠的下面。

【原文釋評】

莊子認為，鵬之所以能高飛九萬里，是因為牠有放得下的勇氣，也只有對原來的放棄，才成就牠高於風的境界，找到真正的快樂。

最聰明的人不是硬著頭皮去做自己難以完成的事，而是捨得放得下然後去尋找新的可能。古語有云：「寵辱不驚，看庭前花開花落；去留無意，望天上雲卷雲舒。」這句話就表現出「放得下」的快樂，現代人如果學會「放得下」，給自己增加一點心理彈性，就會在生活中少一分煩惱，多一分快樂。我們常說一個人要拿得起，放得下，而在付諸行動時，「拿得起」容易，「放得下」難。所謂「放得下」，是指心理狀態，就是遇到「千斤重擔壓心頭」時也能把心理上的重壓卸掉，使之輕鬆自如。

英國科學家貝佛里奇指出：「疲勞過度的人是在追逐死亡。」中國唐代著名醫藥家和養生學家孫思邈，相傳享年一四一歲，他在論述養生良方時說：「養生之道，常欲小勞，但莫大疲，莫憂思，莫大怒，莫悲愁，莫大懼，勿把忿恨耿耿於懷。」都在告誡人們心理負擔有損於健康和壽命。面對此種狀況，最簡單可行的方法就是「放得下」。不管風吹浪打，勝似閒庭信步。

「放得下」主要指以下幾方面：

財富

李白在《將進酒》詩中寫道：「天生我材必有用，千金散盡還復來。」如果可以在這個方面放得下，可稱是非常瀟灑的「放」。

情感

人世間最說不清和道不明的就是一個「情」字。凡是陷入感情糾葛的人，往往會理智失控，剪不斷，理還亂。如果可以在情感方面放得下，可稱是理智的「放」。

名利

據專家分析，高智商、思維型的人，患心理障礙的比例相對較高。主要原因在於他們一般都喜歡爭強好勝，對「名」看得較重，有些甚至愛「名」如命，累得死去活來。如果可以對「名」放得下，就稱得上是超脫的「放」。

憂愁

生活中令人憂愁的事很多，就像宋朝女詞人李清照所說的：「才下眉頭，卻上心頭。」憂愁可說是妨害健康的「常見病」。泰戈爾說：**「世界上的事情最好是一笑了之，不必用眼淚去沖洗。」**

如果能對憂愁放得下，就可以算是幸福的「放」，因為沒有憂愁的確是一種幸福。當你把自己的快樂帶給別人時，你會覺得其實在這個世界上還是有許多快樂的事情。

無論什麼理由，懷恨總是不值得的。潛留在我們內心裡的侮辱，永遠難以平復的創傷，都能損壞我們生活中的許多可愛事物，我們被鎖在自己的苦惱之淵裡，甚至無法為別人的幸運而感到愉快。怨恨就像毒素一樣，影響、侵蝕著我們的生命。

懷恨經常會產生頭痛、消化不良、失眠、嚴重疲倦等病理症狀。一所權威的醫學院曾經做過一個調查，調查報告中顯示，與心情較為愉快的人相比，心存怨恨的人更會經常進醫院。醫務人員所做的試驗顯示，患心臟病的人經常不是工作辛勞的人，而是抱怨工作辛勞的人；最足以引起高血壓的原因，莫過於外表好像很安靜，內心裡卻被強烈的怨恨所煎熬。

相反的，愛和同情則有激發活力的作用。正如一位學者所說：「寬宏大量是一副良藥。」

如何消除怨恨情緒？首先要確定怨恨情緒的來源。如果我們能坦白的檢討，我們會發現，其實怨恨很多是來自於我們自己，忽略自己的缺陷與弱點是人之常情；在任何可能的時候，我們總會把自己的短處變成別人的錯處，然後加以無名的怨恨。

「這是一個很奇怪的現象。」心理學家說：「我們自己的過錯好像比別人的過錯要輕微得多。我想，這是由於我們完全瞭解有關犯下錯誤的一切情形，於是對自己多少會心存原諒，而對別人的錯誤則不可能如此。」

其次，就是學會忘記它。有理智的人不僅限於把宿怨忘記，他們還經常用新的夢想和熱誠，填進他們生活中的不足。所以，想要忘記自己，最好的方法就是幫助別人。

在這個充滿誘惑的世界裡，每個人都會有很多理想和追求。然而，現實生活卻告訴我們，必須學會人生的另一課——放得下！

放得下是一種智慧。漢代文學家司馬相如所著《諫獵書》上寫道：「明者遠見於未萌，而智者避危於未形。」越王句踐臥薪嘗膽的故事，說明這個問題。最終，句踐率領大軍滅了吳國，做了春秋時期最後一位霸主，是因為他懂得暫時的放下是為了日後的崛起。

生活中，也需有放棄的智慧。當你與人發生衝突時，只要不是什麼大的原則問題，你可以放棄爭強好勝的心理，甚至甘拜下風，這樣就可能化干戈為玉帛，避免兩敗俱傷。因為爭論的結果，十有八九是使雙方比以前更相信自己是絕對正確的；當你在家庭生活中發生摩擦時，放棄爭執，保持緘默，就可以喚起對方的惻隱之心，使家庭保持和睦溫馨。

在放與不放之間往往難以取捨，這就需要極大的勇氣。

【經典案例】

從前有一個書生，因為相愛的人嫁給別人而一病不起，家人用盡各種辦法都無濟於事，眼看他奄奄一息。這個時候，路過一個僧人，得知情況，決定點化他。僧人走到書生床前，從懷裡摸出一面鏡子，叫書生看。書生看到茫茫大海，一個遇害的女子衣不蔽體的躺在海灘上。路過一人，看一眼，搖搖頭，走了；又路過一人，將衣服脫下，給屍體蓋上，走了；再路過一人，過去，挖個坑，小心翼翼的將屍體掩埋。

書生不明所以，僧人解釋：「那具海灘上的女屍，就像是你愛的女人。你就像是第二個路過的人，你們之間的愛只是一件衣服的恩情與緣分，那個最後將她掩埋的人，才是她想要與之一生一世的人，因為在來來往往的人當中，只有他給她徹底的體恤，永久的心安。」

書生大悟，「刷」的一下，從床上坐起來，病癒。

學會放得下，就像在陷進泥塘裡的時候，知道及時爬起來，遠遠的離開泥塘。學會放得下就像發現上錯公車，能及時下車，另坐一輛。有人說，這個誰不會！可是你真的學會了嗎？

學會放棄，如同大鵬懂得放棄牠所依賴的風，這樣才會飛得更高，才會找到真正的快樂。

終身役役而不見其成功，苶然疲役而不知其所歸，可不哀邪？

【語譯】

終身承受役使卻看不到自己的成功，一輩子困頓疲勞卻不知道自己的歸宿，能不悲哀嗎？

【原文釋評】

莊子認為，一個人不應該只從一個角度去看待身邊的事物，應該從多角度去考慮問題，這樣的人生才不會悲哀。

萬事萬物總有好的一面和不好的一面，關鍵在於你選擇的角度，班傑明・富蘭克林的成功激勵了一代又一代美國人。富蘭克林說：「世界上有兩種人，他們的健康、財富以及生活上的各種享受大致相同，結果，一種人是幸福的，而另一種卻得不到幸福。他們對物、對人、對事的觀點不同，那些觀點對於他們心靈上的影響因此也不同，苦樂的分界主要也就在於此。」

樂觀的人所注意的是順利的際遇、談話之中有趣的部分、精緻的佳餚、美味的好酒、晴朗的天氣，同時盡情享樂。悲觀的人所想的和所談的卻只是壞的一面，因此他們永遠感到怏怏不樂，他們的言論在社交場所既大煞風景，又得罪人，使他們到處和別人格格不入。

富蘭克林說：「我們一生有太多地方可以去注意，隨便你怎麼去看，但為何偏偏就是有那麼多人只看消極的那一面？」

因此，人應該善於以欣賞的心情從積極的角度看問題。

【經典案例】

約翰性情急躁，缺乏耐心，如果他提出的要求得不到快速答覆，就會大發雷霆。他辦事不超過規定期限，只要約定時間，絕不遲到；在超級市場排隊付款時，誰也別想在他前面插隊。經由前面的介紹，你應該可以想像，當約翰遇到一次交通阻塞時，可能會有怎樣的反應。

在加州南部離約翰家不遠的一條環山公路上發生這樣一件事，一位年輕人在一個路障前攔住約翰的車，告訴他，大約要等半小時。

「為什麼？」約翰質問。

「前面在挖水溝。」年輕人回答。

「可惡！」約翰大叫。

年輕人聳聳肩：「你會被挖土機壓爛的。」

一聽到這句話，約翰立刻冷靜了，心想：「他可能是對的，我雖然不能確切知道挖土機的威力，但我肯定不願意被這種東西壓成肉餅。」

接下來的五分鐘使約翰倍感難受，一會兒翻公事包裡的紙，一會兒聽收音機，一會兒又掏錢包。他打開汽車儀表板上的小抽屜，把裡面的東西全部拿出來，又一件件放回去。他嘆著氣，望著車窗外。

很多車在後面排起長隊，司機們開始下車。對，下來走走也不錯，總比待在車裡好。

「今天早晨真美。」這是位老人，剛才一直坐在一輛舊貨車裡，這會兒和約翰一起在路邊閒逛。他上身穿件方格襯衫，下身穿一條細斜紋褲。

約翰抬起頭，望望四周。聖莫尼卡山被薄霧籠罩著，在藍天的襯托下，呈現出條條銀線。空氣裡帶有一股秋天的清新氣息。「是不錯。」他說。

「下大雨時，瀑布就從那邊下來。」老人繼續說，手指著一處懸崖峭壁。約翰模糊記起曾經見過凶猛的瀑布從那懸崖邊落下，濺起水花。當時，自己一定是急著去什麼地方路過那裡，卻無暇顧及美景。

一位小姐從車裡探出頭，然後問：「山裡有小路嗎？」

老人笑著說：「多的是！我在山裡生活了二十二年，還有好多小路沒走過。」

約翰又記起州公園裡有一個涼快的地方。在一個能熱昏人的夏日，他非常偶然的發現那個地方。那裡樹蔭覆蓋，絲毫沒有炎熱的感覺，這使他感到以前從未有過的安寧。現在，每當想起那個地方，約翰總還覺得不是真的。

「你看到小狼了嗎？」一個穿西裝打領帶的小夥子往前指著，想引起小姐的注意。「就在那裡！」

「我看見了。」小姐突然大叫。

小夥子很得意：「冬天就要來了，」他解釋：「狼可能在尋找食物過冬。」

「看好你的貓！」另一個婦女大聲地說，大家都笑了。

許多被困的開車人沿著路邊聚集在一起，一些人照起相來，等待竟然轉變成一項活動，這又使約翰想起在鄰里之間發生的事。

那是最近的一場水災。路面被沖壞，電力中斷，人們都從房子裡出來聊天。一些人靠著火把的光喝酒，並點起火堆做飯。

約翰不由得想：「是什麼使我們談起話來？是什麼使我們聚在一起，在狂風怒號和交通阻塞時形成小聯盟？我們彼此在一起的時間太少了！」

這個時候，守護路障的年輕人用對講機大喊：「好啦，路通了。」

約翰看了看錶，已經過了五十五分鐘，他真不敢相信自己竟能等這麼長的時間而不發瘋。

一輛輛車的引擎發動了。約翰看到那個年輕小姐遞給穿西裝打領帶的小夥子一張紙條，或許有一天他們將一起在山上的小路上步行。

老人向約翰招了招手，朝舊貨車走過去。

「嗨！」約翰喊了一聲，他轉過身。

「你說得對，」約翰說：「今天早晨真美。」

以欣賞的心情從積極的角度出發，用心態感受不同的人生——即使外界條件和境遇不是非常有利。生活需用心去感受，無論它帶給你的是什麼，你都會發現活著是一種精彩。

其耆欲深者，其天機淺

【語譯】

凡是嗜好和欲望太深的人，他們天生的智慧就會變得很淺。

【原文釋評】

莊子認為，如果人的欲望太深，就會失去智慧，天生快樂的泉源也就減少了。

物欲橫流的世界，讓許多人的心隨之麻痺，只顧追求生活利益和名譽地位，忘記身邊真正的幸福，作家托爾斯泰曾經講過一個故事：有一個人想得到一片土地，地主就對他說：「清早，你從這裡往外跑，跑一段就插一個旗杆；只要你在落日前趕回來，插上旗杆的土地都歸你。」那個人不要命的跑，太陽西沉了還不知足。落日前，他是跑回來了，但人已精疲力竭，摔個跟斗就再也沒起來。於是有人挖了個坑，就地埋了他。牧師給這個人做祈禱的時候說：「一個人要多少土地？就這麼大。」

人生的許多沮喪都是因為你得不到想要的東西。其實，我們辛苦的奔波勞碌，最終的結局不都是只剩下埋葬我們身體的那點土地嗎？伊索說得好：「許多人想得到更多的東西，卻把現在擁有的也失去了。」這可以說是對得不償失最好的詮釋。

事實上，每個人都有欲望，都想過美滿幸福的生活，都希望豐衣足食，這是人之常情。如果把這種欲望變成不正當的欲求，變成無止境的貪婪，就會在無形之中成為欲望的奴隸。在欲望的支配下，不得不為了權力，為了地位，為了金錢而盲目追隨。為此經常感到非常累，但是仍然覺得不滿足，因為在這些人看來，很多人比自己的生活更富足，很多人的權力比自己大，所以他們別無出路，只能硬著頭皮往前衝，在無奈中透支體力、精力與生命。

捫心自問，這樣的生活不累嗎？被欲望沉沉的壓著，能不精疲力竭嗎！靜下心來想一想，有什麼目標真的非要實現不可，又有什麼東西值得用寶貴的生命去換取？朋友，斬除你過多的欲望吧，將一切欲望減少再減少，進而讓真實的欲求浮現。

古人云：「達亦不足貴，窮亦不足悲。」陶淵明荷鋤自種，嵇康樹下苦修，兩位雖為貧寒之士，但是他們能於利不趨，於色不近，於失不餒，於得不驕。這樣的生活，不失為人生的極高境界！

物欲無止境，可是一個人的生命有限，耗費畢生精力追逐在欲望之中，人死後又得到什麼，也許你最終有所悟那只是一種看淡人世的冷笑，一切皆身外之物。

一個人的快樂，不是因為他擁有的多，而是他看待物欲的心態，一種至高的心境。

夫富者，苦身疾作，多積財而不得盡用，其為形也亦外矣

【語譯】

富人勞苦身體，勤勉勞動，累積許多錢財而不能完全享用，這樣對待身體豈不是違反常性嗎？

【原文釋評】

莊子認為，富人為了累積錢財，不顧自身的身體，即使最後擁有許多錢，但是不能完全享用，錢對他們來說，又有什麼價值？所以，不要把過多的責任壓到自己身上，找不到快樂。

生活中，經常聽到有人抱怨活得太辛苦，壓力太大，覺得生活了無生趣，其實，這往往是因為沒有衡量清楚自己的能力、興趣、經驗之前，就給自己在人生各個階段設下過高的目標，這個目標不是根據個人實際情況制定的，而是經由和他人比較制定的，所以為了達到目標，每天都不得不背著沉重的包袱生活，不得不忍受辛苦和疲憊的折磨。

人首先要為自己負責任。有些人不看實際情況，要求自己必須考上明星大學，必須學熱門專業，認為這是自己的責任，只有這樣才算是完美人生。許多大學畢業生不願意做基層工作，不願意去落後地區，就是因為他們背負太多的責任。這種以私利為出發點的個人抱負，已經變成一個包袱壓在身上，讓人喘不過氣，可是有人卻樂此不疲。

人們經常說：「什麼事都歸咎於他人是不好的行為。」但是許多人動不動就把錯誤歸咎於自己，其實這是不正確的觀念。例如：有些人因為孩子學習不好而整天苦惱，因為孩子沒考上大學而內疚。其實完全沒有必要，因為作為家長的你為孩子所做的只是外在的，孩子落榜會有許多原因，怎麼能把責任全歸到自己身上？再說，塞翁失馬又焉知非福？說不定孩子能在其他方面有所成就。

瞭解自己，就不必勉強自己，不必掩飾自己，也不會因背負太重的責任包袱而扭曲自己。如此一來，就可以少一些精神束縛，多幾分心靈的舒展，就少一點自責，多幾分人生的快樂。

生活中有許多不快樂的抱怨和煩悶，對此應該讓自己明智一點，不要用「高標準」為難自己，卸掉自己背負的沉重包袱，不再折磨自己。

歌德曾經說：「**責任就是對自己要求去做的事情有一種愛。**」只有明白在這個世界上要做的事情，認真去做自己喜愛的事，我們才會獲得一種內在的平靜和充實。知道自己的責任之所在，不要強加包袱在自己的身上，就可以體會到人生旅途的快樂。

夫貴者，夜以繼日，思慮善否，其為形也亦疏矣

【語譯】

貴人，夜以繼日的憂慮著保全厚祿和權位，這樣對待自己的身體，豈不是太疏忽了嗎？

【原文釋評】

莊子認為，人不可以有太多貪欲，貴人已經擁有厚祿和權位，卻還整天憂慮，不注意自己的身體，沒有快樂可言。

人沒有貪欲的時候，往往會活得快樂，如果有貪欲，即使你曾經是一個快樂的乞丐，也會走進貪欲的墳墓，不能自拔。

【經典案例】

皮克是地球上最快樂的乞丐。

「我為什麼不快樂？我每天都能討到填飽肚子的食物，有時候甚至還能討到一截香腸；我每天還有這座破房子可以擋風遮雨；我不為其他人工作，我是自己的上帝。我為什麼不快樂？」皮克這樣回答那些羨

慕他的人。

可是有一天，皮克臉上的快樂突然消失了。那是因為皮克在回到破房子的路上撿到一袋金幣，準確的說是九十九塊金幣。

撿到金幣的那個晚上，皮克快樂的不得了。「我可以不做乞丐了，我有了九十九塊金幣！這夠我吃一輩子啊！九十九塊，哈！我要再數數。」皮克怕這是一個夢，皮克不敢睡覺。直到第二天太陽出來時他才相信這是真的。

第二天，皮克也沒有走出破房子，他要把這九十九塊金幣藏好，這真的需要費一番工夫。「這錢不能花，我要存著。我要是擁有一百塊金幣就好了，我要擁有一百塊金幣。」從來沒有什麼理想的皮克現在開始有了理想。他還需要一塊金幣，這對一個乞丐來說，絕對是一個非常遠大的理想。

中午皮克才出去討飯，不！他開始討錢，一分一分的討。中午他很餓，他只討了一點兒剩飯。下午，他很早就「收工」了，他要用更多的時間守著他的金幣。「還差九十七分。」晚上他反覆的數著他的金幣，他忘記了饑餓。

一連幾天，皮克都這樣度過。這樣過日子的皮克再也沒有吃飽過，同時再也沒有快樂過。討飯越來越難。難的原因是別人願意給剩飯而不願意給錢，更因為皮克用來討錢的時間越來越少了，當然也因為他不快樂，別人也不願意再施捨給他。

「皮克，你為什麼不快樂？」

「我是一個乞丐，怎麼快樂？」

皮克越來越憂鬱，越來越苦悶，也越來越瘦弱。

終於有一天，皮克病倒了，幾天也沒有起來。在這幾天裡，皮克只想著一件事：「還差十六分，就有一百塊金幣。」

「皮克，你沒有收到我的金幣嗎？」突然，一個富商找到破房子裡生命垂危的皮克。

「什麼？」皮克驚問。

「皮克，你的快樂，是你的快樂救過我。三年前，我在一次買賣中賠盡了家產。我正準備自殺，我見到快樂的你，我明白身無分文的人也能快樂的生活。後來，我就東山再起了，賺了很多錢。那一次，我帶著九十九塊金幣出來遊玩，見到你，就把錢丟到你要走的路上。可是你現在為什麼還做乞丐？為什麼不快樂？生了病為什麼不拿錢去看醫生？」

「我想擁有一百塊金幣。還差十六分，就只差十六分。」富商從腰裡取出一塊金幣給他。皮克接過錢，把錢裝進袋子裡，然後又全部倒出來，很細心的數，他終於有一百塊金幣，對了，還有八十四分。

皮克笑了，然後就昏倒了。

這個時候，一個遊客路過這裡，見到昏倒的皮克，向富商問明情況，就說：

「這下子，完了！」

「怎麼了？」

「因為他有九十九塊金幣的時候，就會希望有一百塊金幣。這就是每個人都不可避免的貪欲，貪欲趕走他的快樂。你要救他，就要向他索回九十九塊金幣，這樣他或許有救。現在，你反而滿足他的欲望，重病的他就失去支撐下去的動力。你剛開始的時候，給他九十九塊金幣，使世界上少一個天使；你又給他一塊金幣，就使世界上少一個生命。」

富商摸了摸皮克的鼻子，皮克果然死了。

乞丐本來沒有太多欲望，但是如果當他有錢了，他反而有貪欲，因為他是一個平凡的人。

人不能沒有欲望，沒有欲望就沒有前進的動力，但人卻不能有貪欲，因為，貪欲是無底洞，你永遠也填不滿。想要快樂的最好方法就是擁有乞丐的快樂心態，不要被貪欲填滿，做一些讓自己快樂的事。

唯達者知通為一，為是不用而寓諸庸……因是已。已而不知其然，謂之道。

【語譯】

只有通達的人才能瞭解這個通而為一的道理，因此他不用固執自己的成見而寓於各物……這就是因任自然的道理。

順著自然的路徑行走而不知道它的所以然，這就叫做「道」。

【原文釋評】

莊子認為，應該順著自然的路徑走而不知道它的所以然，才是真正的簡單快樂。

每個人都想快樂生活，但是快樂卻不願意追隨每個人，只有真正懂得生活的人才知曉快樂的真諦——簡單。

你如何為簡單下定義？或許它意味著有更多時間做你想做的事，而非把所有的事都塞在你的行程表。或許它意味著減少煩擾、工作、房子、船、別墅，以及堆在衣櫥或貯藏室、地下室、車庫內的財物。或許簡樸和你所有的無關，而是影響你應該如何生活的原則——維持你應該盡的義務，擁有你應該有的財物，同時也奉行一套生活哲學，讓你生命的時光更有意義、更有價值。

詩人愛默生曾經說：**「沒有一件事比偉大更簡單；事實上，簡單就是快樂。」**

一個人未曾遭到日常瑣事和焦慮的干擾，而簡單的生活，這就是快樂。

簡單應該是每個人的目標，生活在簡單中的人，就可以朝目標邁進，不至於誤入歧途，而使我們喪失自我的偉大一面。

當你剔除心中的各種物欲和焦慮時，你就生活在簡單中。簡單表示單一的目標，表示必須停止批評，盡力而為，絕非模仿別人或抹煞自我。

簡單的意義，不是幻想生活而是面對生活，祈求心靈的寧靜。何須費心尋覓？它不在千里之外的島嶼上，而是深存在你的心中。你期望在生命中得到什麼？你願意虛有其表而使自我內心萎縮？還是願意以簡單求得內在的安寧，而使自我內心日益真實？

記住梭羅的話：**「我們的生命不應該虛擲於瑣碎之事。應該盡量簡單，盡量快樂。」**

最能表現追求簡單的生活，崇尚真正自由的人，就是以下這個故事的主角。

【經典案例】

第歐根尼不是瘋子，他是一個古代偉大的哲學家，透過戲劇、詩歌、散文的創作來闡述他的學說；他向那些願意傾聽的人傳道；他擁有一批崇拜他的門徒，他言傳身教的進行簡單明瞭的教學。所有人都應該自然的生活，他說，所謂自然的就是正常的，而不可能是罪惡的或可恥的。拋開那些做作虛偽的習俗，擺脫那些繁文縟節和奢侈享受，只有這樣，你才能過自由的生活。富有的人認為他佔有寬敞的房子、華貴的衣服，還有馬匹、僕人和銀行存款。其實並非如此，他依賴它們，他要為這些東西操心，把一生的大部分精力都耗費在這上面。它們支配他，他是它們的奴隸。為了攫取這些虛假浮華的東西，他出賣了自己的獨立性，這個唯一真實而長久的東西。

第歐根尼沒有房子，甚至連一個茅廬都沒有。他認為人們為生活煞費苦心，過於講究奢華。房子有什麼用處？人不需要隱私，自然的行為不可恥，我們做著同樣的事情，沒什麼必要把它們隱藏起來。人實在不需要床榻和椅子等諸如此類的傢俱，動物睡在地上也過著健康的生活。既然大自然沒有給我們穿上適當的東西，我們唯一需要的是一件禦寒的衣服，某種躲避風雨的遮蔽。所以，他擁有一條毯子，白天披在身上，晚上蓋在身上，他睡在一個桶子裡，他的名字叫第歐根尼。人們稱他為「狗」，把他的哲學叫做犬儒哲學。他一生大部分時間都在希臘的科林斯城邦度過，那是一個富裕、懶散、腐敗的城市，他挖苦嘲諷那裡的人們，偶爾也把矛頭轉向他們當中的某個人。

他的住所不是木材做成的，而是泥土做的貯物桶。這是一個破桶，顯然是人們棄之不用的。住這樣的地方他不是第一個，但他確實是第一個自願這麼做的人，這出乎眾人的想法。

他就這樣生活著，有些人這樣說，因為他全然不顧社會規範，而且還朝他所鄙視的人咧嘴叫喊。此刻他正躺在陽光下，心滿意足，比波斯國王還要快樂（他常這樣自我吹噓）。他知道他將有貴客來訪，但是仍然無動於衷。

馬其頓國王和希臘征服者亞歷山大正在視察他的新王國，他到處受歡迎，他是一代英雄。他最近被一致推舉為遠征軍司令，準備向古老和富饒而腐敗的亞洲進軍。幾乎每個人都湧向科林斯，都是要向他祝賀，希望在他麾下效忠，甚至只是想看看他。只有第歐根尼，他身居科林斯，卻拒不覲見這位新君主。懷著亞里斯多德教給他的寬宏大度，亞歷山大決定造訪第歐根尼。

亞歷山大穿過兩邊閃開的人群走向「狗窩」，他走近的時候，所有人都肅然起敬，第歐根尼只是一肘撐著坐起來。國王進入每個地方，所有人都向他鞠躬敬禮或歡呼致意，第歐根尼一聲不吭。

一陣沉默，亞歷山大先開口致以和藹的問候。打量著那可憐的破桶，孤單的爛衫，還有躺在地上那個粗陋邋遢的形象，他說：「第歐根尼，我能幫你忙嗎？」

「能，」第歐根尼說：「站到一邊去，你擋住了陽光。」

一陣驚愕的沉默。慢慢的，亞歷山大轉過身，沉默不語。幾分鐘後，他對著身邊的人平靜的說：「假如我不是亞歷山大，我一定要做第歐根尼。」因為亞歷山大真正理解自由的含義。

無論你對簡單下什麼樣的定義，其本質都是擺脫過多的物質。你依然可以追求烹飪之樂，但卻不必訂閱數種美食雜誌、收藏無數的食譜；你依然可以追求最新的時尚，但卻不必同款鞋各買一色或買許多的領帶；你依然可以買下別墅，卻不必依照平日家居的方式來佈置它；你可以鼓勵多交朋友，朋友卻不必多到非要用名片檢索的地步。

現在，請開始更簡單的生活，不要理會生活帶給你的焦慮，不要讓生活的繁雜壓垮你本來不重的身體，也拋卻你的所有物品，只取你所需要的，而非你所不可求的。

第三章：隨風逍遙，快樂人生

逍遙，不是讓你無事可做，而是讓你的心處於一種自由快樂的狀態，忘記所謂世俗的煩惱，樹立生活的信心，做一個隨風逍遙的快樂人。

棄世則無累，無累則正平

【語譯】

捨棄世俗就沒有勞累，沒有勞累就會心正氣平。

【原文釋評】

莊子說：「棄世則無累，無累則正平。」他告訴我們，如果摒棄世俗之氣，就不會感到苦累，進而心性平和。

現實中有不少莊子式的人物，他們樂觀、豁達、心地坦然。他們蔑視權貴、淡泊名利，不被世俗影響，善於享受真正的生活，善於發掘蘊藏在生活中的無窮快樂。他們之所以總是充滿幸福和快樂，也許正是由於他們總是忙於從事各種最快樂的工作，他們富有的心靈總是充滿創造的活力。

同樣的，如果我們對工作和事業高度熱愛，不僅能喜愛自己有興趣的事，而且能喜愛自己不得不做的事，等於一輩子都生活在幸福的天堂中。一家報紙曾經舉辦一次有獎徵答，題目是：「在這個世界上誰最快樂？」獲獎的答案是：**「從事自己喜愛的工作的人，是最快樂的。」**求樂與事業非但不衝突，而且是和諧統一的。對工作有樂趣，可以得到快樂，事業成功了，可以得到更大的快樂。正如埃及著名作家艾尼斯・曼蘇爾所說：「事業成功本身，就是一種最大的快樂、最大的幸福、最大的力量。」因此，我們追求事業成功，就是追求最大的快樂。

【經典案例】

很久以前，為了開闢新的街道，倫敦拆除了許多陳舊的樓房。然而新路卻遲遲未能動工，舊樓房的廢墟晾在那裡，任憑日曬雨淋。有一天，一群自然科學家來到這裡，他們發現，在這片多年未見天日的舊地基上，這些日子裡因為接觸了春天的陽光雨露，竟然長出了一片野花野草。

奇怪的是，其中有一些花草卻是在英國從來沒有見過的，它們通常只生長在地中海沿岸國家。這些被拆除的樓房，大多都是在古羅馬人沿著泰晤士河進攻英國的時候建造的。

這些草的種子多半就是那個時候被帶到這裡，它們被壓在沉重的石頭磚瓦之下，一年又一年，幾乎已經完全喪失生存的機會。但令人感到意外的是，它們見到陽光以後，就立刻恢復蓬勃生機，綻開一朵朵美麗的鮮花。

其實，人的生命也是如此。一個人不管經受多少打擊，也不管經歷多少苦難，如果愛的陽光照耀在他身上，他就可以治癒創傷，就可以獲得希望，就可以萌生出新的生機，哪怕是在荒涼惡劣的環境裡，也依然能夠放射出自己的光和熱。

荷馬、莎士比亞、塞凡提斯都是樂觀豁達的人，在他們的偉大創造活動中，洋溢著一種健康而寧靜的快樂。像這樣內心快樂和本性寬厚的人，還有馬丁・路德、培根、達文西。這些名人之所以總是充滿幸福和快樂，不僅是由於他們總是忙於從事各種最快樂的工作，還有他們那種不被世俗所拖累的心態，因此他們富有的心靈總是充滿創造的活力。

約翰・密爾頓一生歷盡無數的艱難困苦，但是他始終樂觀爽朗。他的眼睛意外的瞎了，他的朋友背棄他，他連遭凶險，「前途一片黑暗，令人毛骨悚然的危險聲音在前面吼叫」，但是約翰・密爾頓一點也沒有失去希望和信心，而是「振作起來，勇往直前」。

如果你的心情豁達樂觀，不讓世俗所累，就可以看到生活中光明的一面，即使在漆黑的夜晚，也知道星星仍然在閃爍。一個心境健康的人，就會思想高潔、行為正派，就可以自覺而堅決的摒棄骯髒的想法，不與邪惡者為伍。一個人既可能堅持錯誤、執迷不悟，也可能相反，這都取決於自己。真正擁有這個世界的人，是那些熱愛生活和擁有快樂的人。所以，只有那些拋棄世俗的人才能真正懂得快樂。

不樂壽，不哀夭

【語譯】

不把長壽看成是快樂，不把夭折看成是悲哀。

【原文釋評】

莊子認為，不把長壽看成是快樂，不把夭折看成是悲哀，即快樂與悲傷都是來自於自身的感覺，來自你對事物的看法，生活中的快樂是自己去尋找的，面對別人認為可以快樂的事，你卻毫無興趣，快樂又怎麼會屬於你。

無論你多忙，你總有時間選擇兩件事：快樂還是不快樂。早上你起床的時候，也許你自己還不曉得，但是你的確已經選擇讓自己快樂還是不快樂。

歷史學家維爾·杜蘭特希望在知識中尋找快樂，卻只找到幻滅；他在旅行中尋找快樂，卻只找到疲倦；他在財富中尋找快樂，卻只找到紛亂憂慮；他在寫作中尋找快樂，卻只找到身心疲憊。有一天他看見一個女人坐在車裡等人，懷中抱著一個熟睡的嬰兒。一個男人從火車上走下來，走到那對母子身邊，溫柔的親吻女人和她懷中的嬰兒，小心翼翼的不敢驚醒他。然後，這一家人開車走了，留下杜蘭特望著他們離去的方向。他猛然驚覺，原來日常生活的一點一滴都蘊藏著快樂。

每個人都有機會得到一個擁抱、一個親吻，或者只是一個就在大門口的停車位！生活中到處都有小小的喜悅，也許只是一杯冰茶、一碗熱湯，或是一輪美麗的落日。這許多的點點滴滴都值得我們細細品味。也就是這些小小的快樂，讓每個人的生命更可親，更可眷戀。

富翁奧曼自己買得起勞力士手錶和名牌服飾，開得起豪華跑車，也能夠到私人小島度假，卻坦白承認她沒有滿足感，甚至有好友在旁，她仍然感到寂寞。

奧曼說：「我已經比我夢想的還要富裕，可是我還是感到悲傷和茫然。錢財竟然不等於快樂！我真的不知道什麼東西才能帶來快樂。」

像奧曼那樣，為錢奮鬥了大半輩子才悟出「有錢不一定快樂」道理的人不在少數。她如果願意在聖誕假期中靜下心，她會感悟出，感恩之心是快樂的秘訣。

知足是快樂的重要條件。心理學家說，人類不快樂的最大原因是欲望得不到滿足、期望得不到實現；雖然欲望也許有礙快樂，卻是「美好人生」不可缺少和無法消除的成分；期望則是另一回事，例如：我們期望健康，但是要付出代價。

如果某一天你發現身上有一個腫瘤，你心懷忐忑找醫師檢查。一個禮拜後，當聽到良性腫瘤的診斷結果時，你會感到這一天是你一生中最快樂的一天。事實上，這一天和你懷疑身上有腫瘤的那一天一樣，生理上的健康情形並沒有改變，如今你卻快樂的不得了，為什麼？因為今天你並沒有期望自己會很健康，所以你感覺不到快樂。

因此，應該「欲望」健康，但是不要「期望」健康！就像人們不應該期望人生中許多事：求職口試順利、投資策略成功，甚至所愛的人長命百歲。如果我們分不清「欲望」和「期望」，就會感到「失望」。

期望無法實現，不僅會為我們帶來痛苦，也會破壞我們的感激心情，而感激心情是快樂的必要條件。

所有快樂的人都心懷感激，不知感激的人不會快樂，期望越多，感激心就越少。在期望獲得滿足的一剎那，你必須想到這樣絕對不是必然的事情，既然如此，感激之心會增加我們的愉悅，也會使我們將來不至於不快樂。

快樂是一種發自內心的自我感覺，沒有外物強加於你的快樂，才是真正的快樂。

我決起而飛，槍榆枋而止，時則不至，而控於地而已矣

【語譯】

我們（蟬和斑鳩）什麼時候願意飛就會飛起來，碰到榆樹和枋樹就停落在上面，有時候力氣不夠，飛不到，落在地上就是了。

【原文釋評】

莊子認為，人的生活是否快樂，完全取決於個人對人、事、物的看法。蟬和斑鳩對大鵬的高飛不以為然，他們在自己的世界裡尋找快樂。

我們要以正確的態度來看待生活。換句話說，我們必須關切自我的問題，但不是憂慮。關心的意思就是要瞭解問題在哪裡，然後很鎮定的採取多種步驟加以解決。

美國著名導演羅威爾・湯瑪斯，在第一次世界大戰中用影片記錄勞倫斯和他那支阿拉伯軍隊，也記錄艾倫比征服各地的經過。他那個穿插電影中的演講——「巴勒斯坦的艾倫比與阿拉伯的勞倫斯」一，在倫敦和全世界引起極大轟動。倫敦的戲劇節因此順延了六個禮拜，還安排他在卡文花園皇家影院演講這些冒險故事，並放映他的影片。他在倫敦聲名大噪，又四處遊歷好幾個國家。隨後，他籌備兩年的時間，準備拍攝一部在印度和阿富汗生活的紀錄片，不幸的是，一連串的時運不濟，他破產了。

從此以後，他不得不到街口的餐館去吃廉價的食物。要不是一位知名的畫家——詹姆士・麥克貝借錢給他，他甚至連那些粗陋的食物也吃不起。當湯瑪斯面臨龐大的債務而感到極度失望的時候，他很擔心他目前的處境，可是他卻不憂慮。他知道，如果他被霉運弄得垂頭喪氣，他在人們眼裡就變得一文不值了，尤其是他的債權人。所以，他每天早上出去辦事之前，都會買一朵花插在衣襟上，昂首闊步的走在牛津街上。積極而勇敢的生活態度使他不被挫折擊倒。對他而言，挫折是人生訓練的一部分，是你要攀登高峰所必須經過的訓練。

【經典案例】

著名美國的心理學家哈德飛在他的著作《力量心理學》裡，有這樣一個實驗。他寫道：「我請來三個人，用來實驗心理對生理的影響，我們以握力計來測量。要他們在三種不同的情況下，盡全力抓緊握力計。在一般的清醒狀態下，他們的平均握力是一〇一磅。第二次實驗是將他們催眠，並告訴他們，他們非常的虛弱。結果他們的平均握力只有二十九磅，還不到他們正常力量的三分之一。吃飯後再讓這些人做第三次的實驗，告訴他們說他們非常強壯，結果他們的握力平均達到一四二磅。可見當他們在思想裡肯定自己有力量之後，他們的力量就增加五〇%。」由此可見，精神狀態對我們的力量有令人難以置信的影響。

美國內戰期間信仰療法的創始人瑪麗・貝克・艾迪，曾經有一段時間認為生命中只有疾病和愁苦。她的第一任丈夫在他們婚後不久就去世，她的第二任丈夫又拋棄她，和一個有夫之婦私奔。她只有一個兒子，卻由於貧病交加，使她不得不在兒子八歲那年就把他送給別人撫養。

發生在麻薩諸塞州的安理市的一件事改變她的命運。一個很冷的日子，她在走路時不小心滑倒了，摔倒在結冰的河上，昏了過去。由於她的脊椎受到了傷害，使她不停的痙攣，甚至連醫生也認為她活不久。醫生們說：「即使奇蹟出現而使她活命，她也無法再行走了。」躺在病床上，艾迪翻開她的《聖經》。她讀到馬太福音裡的句子：「有人用擔架抬著一個癱子到耶穌跟前，耶穌就對癱子說：『小子，放心吧，你的罪被赦免了……起來，拿你的被褥回家去吧！』那個人就站起來，回家了。」

這幾句話使她覺得產生了一種力量。她立刻下床，開始行走。艾太太說：「這種經驗就像引發牛頓靈感的那棵蘋果樹一樣，使我發現自己要怎樣的好起來，以及怎樣的使別人也能做到這一點。我可以很有信心的說，一切的原因就在你的思想，而一切的影響力都是內心的思想。」

生活中，許多例證都顯示我們內心的平靜來自生活所得到的快樂，與外在的條件並沒有任何關係。思想的運用和思想本身，能把地獄造成天堂，也能把天堂造成地獄。

愛默生在他那篇叫做《自信》的文章結尾這樣寫道：「政治上的勝利、收入的增加、病體的康復，或是久別好友的歸來，或其他純粹外在的事物，即使能提高你的興致，又讓你覺得你眼前的日子是多麼美好。千萬不要相信它，事情絕不會是這樣的。**除了你自己以外，沒有其他人能帶給你平靜。**」

心理學家威廉‧詹姆士曾經發表這樣的理論：「行動似乎是隨著感覺而來，可是實際上，行動和感覺是同時發生的。如果我們使我們意志力控制下的行動規律化，也能夠間接的使不在意志力控制下的感覺規律化。」這段話的意思是，我們不能只憑下定決心就改變我們的情感，可是我們可以變化我們的動作，當我們變化動作的時候，就自然而然的改變我們的感覺。

他又說：「如果你感到不快樂，唯一能找到快樂的方法就是振奮精神，使行動和言辭好像已經感覺到快樂。」

這種辦法是不是有用？在你不快樂時，不妨試一試，使你的臉上流露出很開心的笑臉，挺起胸膛，好好的深吸一口氣，然後哼唱一首歌。你會很快的發現威廉·詹姆士所說的是什麼意思。也就是說，當你的行為能夠顯出你快樂的時候，你就不可能再憂慮和頹喪。

生活中的開心和快樂是自己創造出來的，正如莊子所說，鵬的快樂在於棄風九萬里獨自的翱翔，蟬和斑鳩的快樂在於能隨起隨落、自由自在。你的快樂找到了嗎？它就在你的生活之中等待你的挖掘。

人之有所不得與，皆物之情也

【語譯】

許多事情是人所不能干預的，這都是事物變化的實情。

【原文釋評】

莊子認為，人的能力是有限的，所以面對無能為力的事情，不必強掛心上，泰然處之，讓快樂主宰你的心靈。

快樂不是來自外在的物質和虛榮，而是靠自己內心的真實感受。

【經典案例】

唐代的慧宗禪師因為經常講經而雲遊各地。有一天，他臨行前吩咐弟子看護好寺院的數十盆蘭花。弟子們深知禪師酷愛蘭花，因此照顧蘭花非常殷勤。但是在一天深夜，狂風大作，暴雨如注。偏偏當晚弟子們一時疏忽，將蘭花遺忘在戶外。第二天清晨，弟子們後悔不迭，眼前是傾倒的花架和破碎的花盆，株株蘭花憔悴不堪，狼藉遍地。

幾天後，慧宗禪師返回寺院，眾弟子忐忑不安的上前迎候，準備領受責罰。慧宗禪師得知原委後，不僅泰然自若，而且神態依然平靜安詳。他寬慰弟子們說：「當初，我不是為了生氣而種蘭花的。」

就是一句平淡無奇的話，使在場的弟子們聽後，肅然起敬之餘，更是如醍醐灌頂，頓時大徹大悟。

「我不是為了生氣而種蘭花的」，看似平淡的偈語裡，暗示多少佛門玄機，又蘊含多少人生智慧啊！現實生活中，無限制增長的欲望和不滿足現狀的心態，還有許多數不清的煩惱與磨難，經常使人患得患失。因此，很多人抱怨命運，抱怨時運不濟，抱怨人生多「苦」。

常言道：「人生在世，不如意事十常八九。」其實，只要你嚴肅冷靜的分析人生，痛苦與歡樂幾乎是與生俱來的。造物主讓你來到人世，享受世界的無限歡樂，但同時也要給你困苦、不幸的負重。人生就是一次爬山的旅行，辛苦是自然的，摔跤有時候也難免，磨難就是這次旅行的代價。既然你能夠愉快的享受人生，為什麼不能快樂的接受生活賜予的苦難？況且，苦難已降臨，生氣煩惱又有何用？

即使生命有多少淒苦，人生有多少艱難，栽種一株快樂的心靈之花於心田，讓絢麗的花朵昂然的綻放在生命的枝頭。從此，你就自由自在、快樂逍遙，也會盈滿幸福！

其出不訢，其入不距；翛然而往，翛然而來而已矣

【語譯】

出生不欣喜，入死不拒絕；無拘無束的去，無拘無束的來而已。

【原文釋評】

莊子認為，「真人」漠視生死，只求為人無拘無束，快樂一生。人處繁華街市喧鬧不已，讓心隨空境，放飛你的心情，讓它無拘無束的飛向天空，尋找心的快樂。

如果你的生活太累，壓得你喘不過氣，如果發覺身邊的生活快讓自己窒息，就放飛你的心情吧！無論飛向哪裡，讓心情自由，讓自己輕鬆。

在人來人往的世界裡，你可曾擁有快樂自在？在你爭我奪的世界裡，你是否依舊怡然自得？在塵世喧囂中，你的心靈是否壓抑得太久了？

不要苦了自己的心靈，把它放飛吧，讓它和斷線的風箏一樣在自由的國度裡想怎樣飛就怎樣飛吧！放飛壓抑心情。久居高樓中壓抑的心情終於能在空中自由的飛舞，恣意享受著馳騁的快樂。感受著溫暖的風伴著漂亮的風箏扶搖上升，快樂就猶如七彩煙花在空中綻放，透明的心境也隨之在藍色的天空盡情閃爍。朋友，你感到愜意了嗎？

放飛風箏如同放飛你的夢想。在鋼筋混凝土築成的空間裡，被擱置已久的夢想，終於能和心情情一起飛舞。讓它飛吧，自由自在的飛吧！腳踏茵茵青草，頭頂湛藍天空，夢想怎能不飛？

放飛你的情感。在這樣風和日麗的日子，讓你把美麗的情愫繫於風箏之線，讓它在廣闊深情的天空下更聖潔。

放飛心靈的風箏，讓它在美麗的藍天下盡情飛翔，讓美麗的天空不再空蕩；放飛心靈的風箏，讓它在湛藍的天空裡愉快歡唱，讓我們的世界不再孤寂；放飛心靈的風箏，讓它在心靈的世界裡快樂飛舞，讓我們的生活不再煩悶枯燥。

放飛你的心情，就如同放飛心靈的風箏，讓心靈的風箏能穿越世俗的霓虹與燈紅酒綠，穿越紅塵沉浮的大悲大喜，飄於平靜快樂之中。

乘天地之正，而御六氣之辯，以遊無窮

【語譯】

順著自然的規律，而把握六氣的變化，以遨遊於無窮的宇宙。

【原文釋評】

莊子認為，人活著是為了一種瀟灑，順應自然，過著屬於自己的快樂生活。人不可消極的遊戲人間，但快樂瀟灑是生活應該有的原則，瀟灑給生活帶來快樂，快樂的生活也是一種瀟灑。

快樂是一種獨特的體驗，只要樂趣真實常在，無論雅俗，都會活得有滋味，也用不了太多的心思，你就會發現活著本來就不錯。

活得瀟灑才有快樂，瀟灑是一種美好的生活態度，但並非每個人能做到瀟灑自如，有些人過於拘謹不會瀟灑，有些人做過了頭不懂瀟灑。

拘謹是一種僵化的思維模式帶來的生活態度，即我們常說的「死心眼」。古代有一個有名的例子：一對青年男女相約在橋下某柱旁會面，大水到了，為了不失約，男子抱柱而亡。這個悲劇化的男子過去一直被當作忠貞和守信的象徵，可是女子愛上他實在不值得。還有一個典型例子，是柳宗元《三戒》中所寫的

永州某人。他生於子年，生肖值鼠，於是畏鼠護鼠，鬧到室無完器，櫝無完衣的地步。真正瀟灑生活並非如此，而是一種不被現狀所拘束，以一種自強不息和勇於創新的精神重新開拓新的生活領域，以一種驚人的瀟灑形象展示在世人面前。

有人把瀟灑理解為穿著新潮，談吐幽默，舉止有度。實際上，這僅是粗淺的認識。真正的瀟灑，應該是指那種不以物喜，不以己悲，順境不放縱，逆境不頹喪的超然豁達的精神境界。古今名人中，能真灑脫者，大有人在，唐朝詩人劉禹錫，因革新遭貶，他不為壓力所阻，仍然以頑強的精神與政敵相抗爭，寫出「玄都觀裡桃千樹，盡是劉郎去後栽」，「種桃道士歸何處？前度劉郎今又來」的樂觀詩句，他以瀟灑的態度，超過「巴山蜀水淒涼地」，堅守「二十三年棄置身」的人格，終於迎來了仕途上新的春天。

名人有名人的瀟灑，偉人有偉人的快樂。有一位名人曾經說：「與天奮鬥，其樂無窮；與地奮鬥，其樂無窮；與人奮鬥，其樂無窮。」偉人的樂乃樂之大家，正如范仲淹所云：「先天下之憂而憂，後天下之樂而樂。」對於平凡的人來說，面對複雜多變的人生，自然也要有大境界才能包容得下，更需要有平常的心境，快樂才能常住。

人生難得在世，既然有機會，就做一個瀟灑快樂的人吧！

故知天樂者，無天怨，無人非，無物累，無鬼責

【語譯】

所以瞭解天樂的人，不會受到天的怨恨，不會被非難，沒有外物的牽累，沒有鬼神的責備。

【原文釋評】

莊子認為，一個懂得快樂的人，不會被外物所勞累，也不會受到天神責備，所以快樂是一種內心的真實體驗。

禪家認為，經由淨化自己，把心中的煩惱、苦悶、貪婪、嗔怒加以清理，可以使自己生活得更有活力更有朝氣，正如有詩云：「千江有水千江月，萬里無雲萬里天。」卸下不必要的負擔，深吸一口氣，讓快樂盈滿心底。

【經典案例】

這是一個流浪漢的故事。這個流浪漢在看不見盡頭的路上長途跋涉，他背著一大袋沉重的砂子，一根裝滿水的粗管子纏在他身上。他右手托著一塊奇形怪狀的石頭，左手拿著一塊岩石，脖子上用一根舊繩

子吊著一個磨盤，腳踝上繫著一條生鏽的鐵鏈，鐵鏈上拴著一個鐵球。他頭上頂著一個已腐爛發臭的大西瓜。這個流浪漢一步一步吃力的走著，每走一步，腳上的鐵鏈就發出嘩嘩的響聲。他呻吟著，抱怨自己的命運如此艱難，抱怨疲倦在不停的折磨自己。

正當他在炎炎烈日下艱難行走時，迎面來了一位農夫。農夫問：「喂，疲倦的流浪人，為什麼你自己不將手裡的石頭扔掉？」

「我真蠢，」流浪漢明白了：「我以前怎麼沒想到？」他丟掉石頭，覺得輕了許多。

不久之後，他在路上又遇到一位農夫。農夫問他：「告訴我，疲倦的流浪漢，你為什麼不把頭上的爛西瓜扔了？你為什麼要拖著那麼重的鐵鏈子？」

流浪漢回答：「我很高興你能跟我說，我不知道我在做什麼事。」他解開腳上的鐵鏈子，把頭上的爛西瓜扔到路邊摔得稀爛，他又覺得輕了許多。但隨著他繼續往前走，他又感到了步履的艱難。

又有一位農夫從田裡走來，見到流浪漢十分驚異：「啊，流浪漢，你扛了一大袋砂子，可是路上有的是砂子；你帶了一根水管，好像要去穿越沙漠，可是你瞧，路旁就有一條清澈的小溪，它已伴隨你走了很長一段路了。」

聽到這些話，流浪漢又放下水管，倒掉裡面已經變味的水，然後把口袋裡的砂子倒進一個洞裡。他站在路上，看著落日沉思。落日的餘暉映照在他身上。突然他看到脖子上掛著的磨盤，察覺到正是這東西使他不能挺起腰來走路。於是他解下磨盤，把它遠遠的扔進河裡。他卸掉了所有負擔，徘徊在傍晚涼爽的微風中，尋找住宿之處。

《六祖壇經》上說，人要「總淨心念摩訶般若波羅蜜」，意思是要人洗滌自己的心靈世界，展現心中智慧，照亮自己的人生。在現實生活中，有人覺得壓力大、煩惱多、不愉快，這正顯示在自己的精神生活中背負著許多不必要的負擔，使人對生活和工作備覺辛勞無趣。其實，生活與工作本身就是一種承擔和責任，是絕不輕鬆的，如果再額外加上不必要的精神負擔，日子就很難過了。

所以，人如果能讓自己的心情像波平浪靜的水面，讓自己的思想像碧空萬里的藍天，依靠精神的信仰，就一定能淨化自己，使自己正確的面對人生的挑戰。

在第二次世界大戰橫掃歐洲時，一位名叫泰勒的年輕人正在歐洲服役，在後來出版的一本書裡，泰勒這樣寫道：

「在一九四五年春天時，我整天處在憂鬱之中，以致罹患醫生們稱為橫結腸痙攣症的疾病，它給我帶來難以忍受的劇痛。那個時候，我幾乎都是處在虛脫狀態。如果不是戰爭及時結束，我的生命大概也要結束了。」

「當時，我在步兵九十四師的死亡登記處做事，我的工作是記錄作戰死亡和失蹤還有受傷的士兵的姓名，有時候也負責掩埋那些被丟棄在戰場上的士兵屍體。我還要收集這些士兵的遺物，送還給他們的親屬。在做這些工作時，我總是擔心出差錯，我更擔心自己會撐不過去而再也沒有機會擁抱我唯一的兒子，他已經十六個月大，而我還不知道他長得什麼模樣。那個時候，我心力交瘁，體重掉了三十四磅，精神總是恍恍惚惚的。」

記住，善用並且把握你的時間，從這一刻到今晚上床。如果只是一天，無論多麼重的負擔，人都可以背負;如果只是一天,無論多難的工作,人都可以努力完成;如果只是一天,任何人都能活得很快樂、有耐心、仁慈和純潔,這就是生命的真諦。

讓你的人生在輕鬆中快樂吧!

故天下皆知求其所不知，而莫知求其所已知者

【語譯】

所以，天下的人只知道捨內求外，只知道追求分外的客觀知識，而不知探索分內的無為恬淡，清虛合道之道理。

【原文釋評】

莊子認為，天下的人只知道不斷追求外在的東西，而忘記要保留內在本身的恬淡，所以做人不能只重外，不重內。

【經典案例】

第二次世界大戰期間，羅伯·摩爾在一艘美國潛艇上擔任瞭望員。一天清晨，隨著潛艇在印度洋水下潛行的他經由潛望鏡，看到一支由一艘驅逐艦、一艘運油船和一艘水雷船組成的日本艦隊正向自己逼近。潛艇對準走在最後的日本水雷船準備發起攻擊，水雷船卻已掉過頭來，朝潛艇直衝過來。原來空中的一架日機，偵測到潛艇的位置，並通知水雷船。潛艇只好緊急下潛，以便躲開水雷船的炸彈。

三分鐘後，六顆深水炸彈幾乎同時在潛艇四周炸開，潛艇被逼到水下八十三公尺深處。摩爾知道，只要有一顆炸彈在潛艇五公尺範圍內爆炸，就會把潛艇炸出個大洞。

潛艇以不變應萬變，關掉了所有的電力和動力系統，全體官兵靜靜的躺在床鋪上。當時，摩爾害怕極了，連呼吸都覺得困難。他不斷的問自己，難道這就是我的死期？儘管潛艇裡的冷氣和電扇都關掉了，溫度不斷升高，摩爾仍然冷汗涔涔，披上大衣牙齒照樣碰得格格響。

日軍水雷船連續轟炸了十五個小時，摩爾卻覺得比十五年還漫長。寂靜中，過去生活中無論是不幸運的倒楣事，還是荒謬的煩惱都一一在眼前重現。摩爾加入海軍前是一家稅務局的小職員，那個時候，他總為工作又累又乏味而煩惱；抱怨薪水太少，升遷無指望；煩惱買不起房子、新車和高級服裝；晚上下班回家，因為一些瑣事與妻子爭吵。

這些煩惱事，過去對摩爾來說似乎都是天大的事。而今置身這墳墓般的潛艇中，面臨死亡的威脅，摩爾深深感受到，當初的一切煩惱顯得那麼的荒謬。他對自己發誓，只要能活著看到明天的太陽，從此再也不煩惱。

日艦扔完所有炸彈終於離開了，摩爾和他的潛艇重新浮上水面。戰後，摩爾回國重新參加工作，從此，他更熱愛生命，懂得如何幸福的生活。他說：「在那可怕的十五個小時內，我深深體驗到對於生命來說，世界上任何煩惱和憂愁都是那麼的微不足道。」

人有時候會在危難的時刻想起生活的種種，就會豁然開朗，尋求另一種生活。

生活是屬於自己的，外界只是干擾，不可能決定你的生活方式，不要處處和自己過不去，打不開心靈

的結，你會生活在勞累之中。

懂得珍惜生命的人，也懂得如何讓自己快樂，自己跟自己過不去，沒有人能幫你，想要過得好，不如就地逍遙，讓自己快樂生活。

莊子認為，人的能力是有限的，所以面對無能為力的事情，不必強掛心上，泰然處之，讓快樂主宰你的心靈。

莊子 ZHUANG ZHOU

第四章：肯定自我，保持本色

每個人都很難認清自我，所以面對外來的種種，往往會對自己產生懷疑，失掉自我本性，隨波逐流，將真我埋沒。每個人都是獨一無二的，沒有誰可以代替誰，關鍵是你是否保持自我，成就屬於自己的事業。

今夫斄牛，其大若垂天之雲。此能為大矣，而不能執鼠

【語譯】

看那隻斄牛，龐大的身體像遮蓋天空的雲氣。有本領，但是不能捕鼠。

【原文釋評】

莊子認為，無論什麼事物，無論是龐大本領高的斄牛，還是會捉老鼠的貓，都有各自的不足，做人也是如此，人應該清楚的認識自己，才能在生活中遊刃有餘。

在任何單位或部門裡工作，找對自己的位置很重要，應該根據職位的輕重採取不同的處世方式。職位重要，表示你已經得到主管的器重，可以盡可能的在主管所轄範圍內施展才能。如果職位較低，表示你尚未被主管重用，言行就要謹慎從事，一方面要盡力表現自己，另一方面要學會「藏拙」，不要表現過頭而成為眾矢之的，那樣可能會引來嫉妒和反感，使自己陷進人際關係的危機之中。對有才能的人來說，應該引以為戒。

但是，如何才算得體？

首先，自己工作要很稱職。單位裡的主管如何知道你做什麼工作，並對你有較高的評價？大多數人都認為，主管眼睛是雪亮的，如果表現好，遲早主管會知道的。情況往往不是這樣，很可能你工作相當出

色，可是主管根本不知道，這也是常有的事。

深諳此道的人總是設法使自己很稱職，設法讓別人看到自己的工作，得到一個工作表現優異的名聲。上級主管往往把這樣的人看作是嶄露頭角的優秀人才和部門裡的能人。

其次，千萬不可「功高震主」，即不要對你的主管構成威脅。例如：某個秘書或辦事員，年輕聰明，能言善辯，在眾人之中脫穎而出。他很有能力，工作起來似乎永不疲倦，可是最後他發現自己所有的努力都遭到主管的阻撓和破壞。

這種情況往往是因為你的主管受到你的才華的威脅，所以總是和你作對。在這種情況下，原本應該使你顯現出自己價值的那些特性反而有可能對你不利。你越能幹、越出色，你的主管越會覺得是一種威脅，也就越使你無法得到較快的升遷。

一位博士曾經說：「沒有兩個人的生活遭遇是完全相同的，每個人均有他獨特的生活遭遇。」的確，每個人的生活遭遇都是獨一無二的。想要邁向成熟，我們首先要瞭解並接受這個事實，因為這是我們與他人溝通的基礎。除非我們真正把他人視為許多獨立的個體，正如我們本身的情形一樣，否則我們很難與他們建立有意義的關係。

怎樣才能使我們察覺到自己的獨特性，這裡有兩點建議來幫助你改善自己：

要有獨處時間，整理思緒

對同一件事情，不同的人通常有不同的處理方法。有人喜歡在人群擁擠的街道上，在熙熙攘攘的人群中沉思，這種方法可以使人達到忘我的境界，進而想出許多解決問題的方法；有人喜歡接觸大自然，或是到花園裡走走，或者只是坐在窗旁偶爾眺望窗外的藍天或樹木，讓身心得到徹底的放鬆；有些人也許比較喜歡靜室獨處，或是用其他自我隔離的方式。總之，每天抽出一小段時間來獨處沉思，才能使你在生活中遊刃有餘。

打破習慣的束縛，尋找新的空間

我們習慣把自己束縛在習以為常的無聊事件裡，以至於在裡面窒息還不自知。周圍更有不少人幾乎每天都在不斷重複相同的行為，生命也因此變得無聊、痲木、制式化而沒有絲毫的波瀾。因此，打破不好的習慣束縛，生活才會五彩繽紛。

物固有所然，物固有所可。無物不然，無物不可

【語譯】

一切事物本來都有它是的地方，一切事物本來都有它可的地方。沒有什麼東西不是，沒有什麼東西不可。

【原文釋評】

莊子認為，萬事都有兩面性，但最後卻都是一個整體，所以人應該對自己的生活擁有自信，堅持對的事情就會往成功的方向發展。

信心對每個人來說相當重要，每一位成功者都堅定的相信，自己必然邁向成功的頂峰。絕對的信心，加上不斷的行動，成功就不再遙遠，只要秉持下去，所發揮出來的威力及獲致的成果，恐怕還會在你的想像之外。

【經典案例】

有一個頑童，在懸崖邊鷹巢裡發現一顆老鷹的蛋，就將其帶回父親的農莊，放在母雞的窩裡，看看能

不能孵出小鷹。

不久之後，那顆蛋果真孵出一隻小鷹。小鷹跟著牠同窩的小雞一起長大，每天在農莊裡追逐主人餵飼的穀粒，一直以為自己是隻小雞。某一天，母雞焦急的咯咯大叫，召喚小雞們趕緊躲回雞舍內。慌亂之際，只見一隻雄偉的老鷹俯衝而下，小鷹也和小雞一樣，四處逃竄。

經過這次事件後，小鷹每次看見遠處天空盤旋的老鷹身影，總是不禁喃喃自語：「我如果可以像老鷹那樣自由的翱翔在天上，不知該有多好。」

一旁的小雞總會提醒牠：「別傻了，你只是一隻小雞，是不可能高飛的，別做那種白日夢吧！」

小鷹想想也對，自己只是一隻小雞，就回過頭和其他小雞一起追逐主人撒下的穀粒。

直到有一天，一位訓練師和朋友路過農莊，看見這隻小鷹，就興致勃勃要教小鷹飛翔，而他的朋友認為小鷹的翅膀已經退化無力，勸訓練師打消這個念頭。

訓練師卻堅持認為由高處將小鷹擲下，牠自然會展翅高飛。不料，小鷹只輕拍幾下翅膀，就落到雞群中，和小雞們四處找尋食物。

訓練師還是不死心，再次帶著小鷹爬上農莊內最高的樹上，擲出小鷹。小鷹害怕之餘，本能的展開翅膀，飛了一段距離，看見地上的小雞們正忙著追尋穀粒，就立刻飛下來，加入雞群中爭食，再也不肯飛了。

朋友們開始嘲笑他，他卻將小鷹帶上高處的懸崖。小鷹放眼看去，大地、農莊、溪流都在腳下，而且變得十分渺小。待訓練師的手一放開，小鷹展開寬闊的雙翼，終於實現牠的夢想，自由的翱翔天際。

如果你想追求人生成功的新領域，就揚起雙翼，不用回頭看地上爭食的舊日同伴，也不必懷疑自己不可能。只要你的眼光看得夠遠，就可以真正飛起。不要因為幾次試飛不成的挫折而甘心落回原地，只要你不斷保持想飛的念頭，不斷嘗試，就一定會成功。

有一個失業的伐木工人，見到報上刊登的徵人啟事，就興沖沖的前去應徵。到了應徵的地點，林場的工頭依例在甄選時要問明應徵者的工作經歷。

伐木工人回想自己的經歷，總是工作的時候少，失業的時候多，想了許久，終於想好答案。輪到他時，工頭問他曾經在哪個林場長時間工作，伐木工想也沒想，立即回答：「撒哈拉叢林。」工頭瞪了他一眼：「我只聽過撒哈拉沙漠，哪裡來的撒哈拉叢林？胡說八道。」伐木工人面不改色的回答：「撒哈拉那個地方，原本是叢林，自從我在那邊伐過木之後，就變成一片沙漠了。」

對自己有百分之百的信心之後，就要不斷的採取行動。你就會驚奇的發現，此時不僅你熱愛工作，工作也會愛上你。

建立絕對的信心，運用大量的行動，你的人生將會被開拓成一個王國。

三個老人聚在一起爭辯，誰是最重要的人物。

一個人說：「我可以直接走進白宮的橢圓形辦公室，美國總統一見到我，立刻丟下手邊堆積如山的文件，站起身來與我握手，我就是最重要的人物。」

另一個人說：「這還不能算是。我除了可以讓總統丟下公事來陪我聊天之外，甚至當他桌上那具直通五角大廈的熱線電話響起來，他都寧願陪我談話而不去接聽。」

第三個人說：「這算什麼。我不僅讓總統陪我聊天，甚至當他桌上熱線電話響起來時，他過去接聽，並立即將話筒遞過來：『喏，找你的，你老婆問你要不要回家吃晚飯。』」

無論你想要的是什麼，只要你真正願意擁有夢想，你就有機會得到你想要的一切。

因此，擴大你的夢想，凡事皆有可能實現，只要你的夢想是正面的、為大眾所喜愛的。你將發現，夢想就在你伸手可及之處。

夢想是成就的根源，成功者必定是偉大的夢想家。

有一個落魄中年人，每隔幾天就到教堂祈禱，他的禱告詞幾乎每次都相同。

第一次他來到教堂，跪在聖壇前，虔誠的低語：「上帝啊，請念在我多年來敬畏您的份上，讓我中一次彩券吧！阿門。」

幾天後，他又垂頭喪氣的來到教堂，同樣跪著祈禱：「上帝啊，為何不讓我中彩券？我願意更謙卑的來服侍您，求您讓我中一次彩券吧！阿門。」

又過了幾天，他在教堂同樣重複他的祈禱，如此周而復始，不間斷的祈求著。

最後一次，他跪著對上帝說：「我的上帝，為何您不垂聽我的祈求？讓我中彩券吧！只要一次，讓我解決所有困難，我願意終身奉獻，專心侍奉您。」

就在這個時候，聖壇上空發出一個聲音：「我一直在聽你的禱告。可是最起碼，你也該先去買一張彩券吧！」

夢想是成功的起跑線，決心則是起跑時的槍聲，而行動猶如跑步者全力的奔馳，唯有堅持到最後一秒，才可以獲得成功。

今子有五石之瓠，何不慮以為大樽而浮乎江湖？

【語譯】

現在你有五石容量的葫蘆，為什麼就不想到把它作為舟而浮游於江湖之上？

【原文釋評】

惠子認為太大的葫蘆沒有什麼用處，就把它打碎了，莊子則認為可以將葫蘆作為舟在湖上游，找到了葫蘆的價值。每個人都有其存在的價值，問題是自己想成為什麼、自己想做什麼，這些關係一個人畢生事業成敗的各個要件，必須要與一個人到底適合做什麼相結合。

只有瞭解自己到底適合做什麼，並朝此方向努力，自己的價值觀才會明確。如此一來，即使現狀多麼悲慘，遭遇多大的困難，也不會迷失自己努力的方向，才能重新振作。

【經典案例】

美國國會議員艾爾默・湯瑪斯，年輕時家中很窮，因為衣著破爛不合身而深覺尷尬，他說：「我十五歲時，已經長得比別人高，而且瘦得像竹竿。除了身材比別人高之外，在棒球或賽跑各方面都不如人。他們常取笑我，我也不喜歡見任何人。」

「如果我任憑煩惱與恐懼盤踞下去，我可能一輩子無法翻身。一天二十四小時，我隨時為自己的高瘦自憐，其他的事也不能想，我的尷尬與懼怕實在無法用文字來形容。我的母親瞭解我的感受，她曾經做過學校教師。她告訴我：『兒子，你要去受教育，既然你的體能狀況如此，你只有靠智力謀生。』」

於是父母把他送進大學，一切生活自理，沒有經濟來源，甚至沒有一套合身的衣服，這使他更自卑。但不久之後的一件事，卻帶給他勇氣和希望，讓他認清自我的價值，改變他的人生。

在他入學八週後，通過一項考試，得到一份三級證書，可以到鄉下的公立學校教書。雖然證書有效期限只有半年，但這是除了他母親以外，第一次證明別人對他的信心。

後來，一個鄉下學校以一天二美元或月薪四十美元的薪資聘請他去教書，這更增加他的信心。

領到第一份薪水，他就到服裝店購買一套精美的服裝。現在即使有人給他一百萬，他的興奮程度也不及穿上第一套新衣服時的一半。

他生命中的轉捩點是參加一場演講比賽。對他來說，那當然是天方夜譚。母親對他的期望，增強他參加比賽的信念，結果他這樣說：「完全出乎意料的，我竟然得了冠軍，我太吃驚了！群眾開始歡呼，一些以前取笑我的男孩們跑來拍我的背說：『我早知道你能辦到的！』我母親緊緊擁抱我。當我回顧我的人生，看得出來那次演說得獎確實是我人生的轉捩點。當地一家報紙以頭版刊登我的故事，而且看好我的未來。贏得演說優勝使我在本地得到肯定，更重要的是，它使我的自信倍增，也提升我的士氣，開拓我的視野，並讓我認識到我擁有一些從來不敢想像的才能。」

後來，艾爾默・湯瑪斯成為美國國會議員。

天生我材必有用，找到自我價值去創造價值，才會有快樂的人生之旅。

一對老夫婦省吃儉用的將四個孩子撫養長大。在他們結婚五十週年的時候，擁有極佳收入的孩子們，商議著要送給父母什麼樣的金婚禮物。

由於老夫婦喜歡攜手到海邊享受夕陽餘暉，孩子們決定送給父母最豪華的愛之船旅遊航程，好讓老夫婦可以盡情徜徉於大海的旖旎風情之中。

老夫婦帶著頭等艙的船票登上豪華遊輪，可以容納數千人的大船令他們讚嘆不已。船上更有游泳池、豪華夜總會、電影院，令他們倆感到無限驚喜。

美中不足的是，各項豪華設備的費用皆十分昂貴，節儉的老夫婦盤算自己不多的旅費，細想之下，實在捨不得輕易去消費。他們只得在頭等艙中享受五星級的套房設備，或流連在甲板上，欣賞海面的風光。

幸好，他們怕船上食物不合胃口，隨身帶著一箱泡麵，既然吃不起船上豪華餐廳的精緻餐飲，只好以泡麵充饑，如果想變換口味吃吃西餐，就到船上的商店買些麵包和牛奶。

到了航程的最後一夜，老先生想想，如果回到家以後，親友鄰居問起船上餐飲如何，自己竟然答不出來，也說不過去。於是狠下心來，決定在晚餐時間到船上餐廳用餐，反正是最後一餐，明天即是航程的終點，也不怕寵壞了自己。

在音樂及燭光的襯托之下，歡度金婚紀念的老夫婦彷彿回到初戀時的快樂。在舉杯暢飲的笑聲中，用餐時間已近尾聲，老先生意猶未盡的招來侍者結帳。

侍者很有禮貌的對他說：「能不能讓我看一看您的船票？」

老先生生氣的說：「我又不是偷渡上船，吃一頓飯還要看船票？」在抱怨中，他拿出了船票。

侍者接過船票，拿出筆來，在船票背面的許多空格中劃去一格。同時驚訝的問：「老先生，您上船以後，從未消費過嗎？」

老先生更生氣：「我消不消費，關你什麼事？」

侍者耐心的將船票遞過去，解釋道：「這是頭等艙的船票，航程中船上所有的消費，包括餐飲、夜總會以及其他活動，都已經包括在船票內，您每次消費只需出示船票，由我們在背後空格註銷即可。」

老夫婦想起航程中每天所吃的泡麵，而明天即將下船，不禁相對默然。

在我們出生的那一刻，你是否想過，上天已經將最好的頭等艙船票交給你，使你可以在物質上、心靈上，享有最豪華的待遇，只要你願意出示船票。更重要的是，千萬不要浪費你的頭等艙船票。

也有許多人終其一生，只是過著猶如吃泡麵充饑的生活。這並非是他們應該有的船票，而他們未曾想到去使用，或根本不曉得船票的價值。甚至當有人好意提醒時，還會像那位老先生一樣大發雷霆。

當你明白自己的價值是何等的無窮，你就懂得應該如何靈巧運用自己的船票，但是不要忘記順便扮演侍者的角色，提醒你的朋友和孩子也能夠清楚掌握自己的偉大價值。不要像老夫婦的孩子們一樣，只給了頭等艙船票，而未告知其用途。

認清自我價值，正確運用頭等艙船票，你就會擁有最豪華的人生旅程。

故君子不得已而臨蒞天下，莫若無為。無為也而後安其性命之情。

【語譯】

所以，君子不得已來到從政的地位而治於天下，最好是順任自然。順任自然才能使天下有自然本性的真情。

【原文釋評】

莊子認為，天下本太平，但是被一些有欲望的人所統治，天下也因此大亂。做人應該順其自然，應該順應自然本色，不應該去擾亂它。只有這樣，人們才會重歸自然本性，歸於平靜。

每個人都有自己的本色，如果超出自己的能力範圍，就會被許多事煩惱，也找不到屬於自己的價值，所以人都應該有自知之明，這樣才能活出自己，活出快樂。

自知之明，指的是一個人要有客觀認識自己，正確評價自己和洞察事物的能力。人能夠做到自知之明，就不會求於物質，不為利益所誘，也就不會喪失自我，一個人只有正確認識自己、理解自己，才能自我完善、自我實現，自己戰勝自己的缺點和弱點，進而創造自身的社會價值。

歷史上大凡通達世情的人都有自知之明，從他們身上我們看到自知之明者所具備的品質：

豁達大度，兼容並蓄

《漢書·高帝紀》記載，劉邦擊敗項羽後，在洛陽開慶功宴，他要群臣評論戰爭勝敗原因，有人回答：「項羽量小妒人，陛下賞罰嚴明。」劉邦說：「你只說對其一，卻不知其二。運籌帷幄，出謀劃策，決勝千里之外，我不如張良；鎮守後方，安撫百姓，籌集軍糧，我不如蕭何；統率大軍，攻城掠地，出奇制勝，我又不如韓信。他們都是難得的蓋世英傑。我能夠重用他們，發揮他們的才能，這是我得天下的主要原因。項羽只有一個范增，還不能重用他，這就是他失敗的原因。」劉邦能客觀的認識自己，又能客觀的認識他手下的文官武將，正是有自知之明，發揮出自己的管理才能，他才成就一代偉業。

潔身自好，不圖名利

據古書記載，公孫儀任春秋魯國宰相，因為愛吃魚，國人都爭著送魚巴結他，公孫儀拒不接受。他說：「正因為我喜愛吃魚，所以才不接受魚。」他自知「愛吃魚」是個人嗜好，不接受魚是他的「自知之明」，他明白「吃人的嘴軟，拿人的手短」，身為宰相，有許多人奉迎送禮，如果罷官，都會沒人理會。為求利丟了烏紗，得不償失。

先見之明，目光長遠

仕途險惡，沒有先見之明的人，必然自以為是、自鳴得意、居功自傲、利令智昏，如果為官，難免不遭禍患。可惜，像嚴光那樣有自知之明的人實在太少！據《漢書》記載，嚴光與劉秀少年同遊，後來劉秀當皇帝，命他入朝為官，他卻躲了起來，他視「榮華富貴」如「草芥塵埃」，他深知「伴君如伴虎」，依他剛直的性格難免觸犯龍顏，與其彼時遭罪，不如隱居山中。可見，嚴光確實是一個深諳處世之道又有自知之明的賢人。

再來說「自勝者強」這句話。古人云：「欲勝人者，必先自勝。」但是有些人不怕失敗，敢於向阻礙自己前進的勢力挑戰，敢於向自我封閉的困境挑戰，他們相信自己有力量，能夠從禁錮中解脫，尋找機會。

孔子曾經周遊列國，到處宣傳自己的「仁政」主張，從某種意義來說，這是一種「自薦」，只是由於當時處於戰亂紛爭之時，諸侯爭霸，有誰肯棄干戈施「仁政」？因此孔子四處碰壁，只得由從政轉而從教。在《論語・子罕》中記載：「子貢曰：『有美玉於斯，韞櫝而藏諸？求善賈而沽諸？』子曰：『沽之哉！沽之哉！我待賈者也！』」孔子主張將玉賣出去，他等待識貨的人。「美玉」就像一個人的才能，「賈者」就是能賞識才能的人。有「美玉」去尋找「賈者」，就是有才能的人去尋找施展自己本領的機會，孔子由自己的經歷而發出感慨說：「我待賈者也。」

人貴在有自知之明，只有如此，才能在紛繁的世界中保持自己的本色，不屈不撓，順其自然，找到屬於自己的真正價值，也可以在逆境時全身而退。

且夫待鉤繩規矩而正者，是削其性也

【語譯】

等待曲尺、墨線、圓規、角尺來校正事物形態，是損傷事物本性的行為。

【原文釋評】

莊子認為，做人應該做自己，不要被所謂的墨線、圓規、角尺來束縛自己。自己應該有自己的發展空間，善於發現自己的好，才可以活得有價值。

【經典案例】

莊子有一個故事：

獨腳獸夔羨慕多腳的蚿，蚿羨慕無腳的蛇。蛇羨慕風，風羨慕眼睛，眼睛羨慕心靈。

夔對蚿說：「我用一隻腳跳著行走，沒有誰比我更簡便的，你用一萬隻腳行走，到底是怎樣的？」

蚿回答：「這是自然的行走，自己也不知道為什麼能夠這樣。」

蚿對蛇說：「我用很多腳行走，還不如你沒有腳走得快，為什麼？」

蛇說：「我依靠天生的機能而動作，哪裡用得著腳呢！」

蛇又對風說：「我用背椎和腰肋行走，你呼呼的從北海刮起來，又呼呼的吹入南海，好像沒有形跡，為什麼？」

風說：「我能折斷大樹，吹飛大屋，在細小方面不求勝利，而求得更大的勝利。獲得大的勝利，只有聖人才可以做到。」

夔羨慕蚿，蚿又羨慕蛇，蛇又羨慕風。它們彼此互相羨慕，卻不知自身是最好的。何必與他人相比，讓他人抹去屬於自己的光環，不如給自己一個空間，讓自己活得輕鬆快樂。

人生一世，活著是為了什麼？不是為了別人的稱譽，也不是為了效仿他人，而是活出自己，展現屬於自己的本色。你擁有獨一無二的個性，才能成就你獨特的事業，活出屬於自己的快樂。

正如莊子所言，用太多的標準來衡量自己，實際上是對自己的一種抹殺。標準太多則束縛越多，人容易失去本性的自我。

世俗之所謂然而然之，所謂善而善之，則不謂之道諛之人也

【語譯】

世俗上所認為是的就認為是，所認為對的就認為對，卻不稱他們為諂諛的人。

【原文釋評】

莊子認為，無論世人對你的所作所為是何等的評價，那只是世俗人的想法，他們善於給人歸類，不一定正確。每個人都應該有自己的想法，別人認為不正確和不可能的未必是真理，只有堅持自己的想法，才能活出真正的自我，找到屬於自己的道路。

【經典案例】

劍橋郡的世界第一名女性打擊樂獨奏家伊芙琳·格蘭妮說：「從一開始我就決定，一定不要讓其他人的觀點阻擋我成為一個音樂家的熱情。」

她出生在蘇格蘭東北部的一個農場，八歲時開始學習鋼琴。隨著年齡的增長，她對音樂的熱情與日俱增。但不幸的是，她的聽力卻在逐漸喪失，醫生們斷定是由於難以康復的神經損傷造成的，而且斷定到

十二歲，她將完全耳聾。可是，她對音樂的熱愛卻從未停止過。

她想成為打擊樂獨奏家，為了演奏，她學會用不同的方法「聆聽」其他人演奏的音樂。演奏時她只穿著長襪，這樣一來，就可以經由她的身體和想像感覺到每個音符的震動，她幾乎用她所有的感官來感受她的整個聲音世界。

她不想成為一個耳聾的音樂家，於是她向倫敦著名的皇家音樂學院提出申請。她的演奏征服了所有的老師，破例成為該校第一個聾學生，並在畢業時榮獲了學院的最高榮譽獎。

從此以後，她的目標就致力於成為第一位專職的打擊樂獨奏家，並且為打擊樂獨奏譜寫和改編很多樂章，因為那個時候幾乎沒有專為打擊樂而譜寫的樂譜。

至今，她作為獨奏家已經有十幾年的時間，因為她很早就下定決心，不會僅僅由於醫生診斷她完全變聾而放棄追求，因為醫生的診斷不意味著她的熱情和信心不會有結果，她用自己不懈追求的信念向世人展現了一個奇蹟！

羅斯福總統的夫人曾經向她的姨媽請教對待別人不公正的批評有什麼秘訣。她的姨媽說：「不要管別人怎麼說，只要你自己心裡知道你是對的就可以。」**避免所有批評的唯一方法就是只做你心裡認為對的事情——因為你反正會受到批評。**

自己認為對的事情就無須理會別人的議論，堅信自己可以做到，努力前進就可以。

不要被他人的論斷束縛自己前進的步伐。追隨你的熱情，追隨你的心靈，它們將帶你到你想要去的地方。

以得到別人的讚許為需要，就很難做到實事求是。如果你感到非要受到誇獎不行，並經常做出這種表示，就沒人會與你坦誠相見。同樣的，你不能明確的闡述自己在生活中的思想與感覺，你會為迎合他人的觀點與喜好而放棄你的自我價值。

生活中只要你做事，就會有反對意見，有批評。這是現實，是你為「生活」付出的代價，是一種完全無法避免的現象。所以，找到自己想做的事，並且堅定不移，不被別人的意見所影響，這就是成功人士的不二法門。

生活中的甜言蜜語很多，中傷惡語也不少，學會保護自己，不要讓自己迷失在他人的話語中，隨時保持頭腦清醒，自在而活。

吾所謂明者，非謂其見彼也，自見而已矣

【語譯】

我所認為視覺的敏銳，並非是說可以看清別人，而是可以看清自己而已。

【原文釋評】

莊子認為，一個人最重要的不是去認知他人，而是看清自己。

每個人身上都有獨特的特質，問題在於你能不能發現，看清自己，走出自己的成功之路。

【經典案例】

歌劇演員卡羅素美妙的歌聲享譽全球，但是當初他的父母希望他能當工程師，而他的老師對他的評價則是——他那副嗓子是不能唱歌的。

達爾文當年決定放棄行醫時，遭到父親的斥責：「你放著正經事不做，整天只顧打獵或是捉狗捉老鼠。」此外，達爾文在自傳上透露：「小時候，所有的老師和長輩都認為我資質平庸，我與聰明是沾不上邊的。」

華特·迪士尼當年被報社主編以缺乏創意的理由開除，建立迪士尼樂園前也曾經破產好幾次。

愛因斯坦四歲才會說話，七歲才會認字。老師給他的評語是：「反應遲鈍，不合群，滿腦袋不切實際的幻想。」他曾經遭到退學的命運。

牛頓在小學的成績很差，曾經被老師和同學稱為「呆子」。

羅丹的父親怨嘆自己有一個白癡兒子，在眾人眼中，他是一個沒有前途的學生，藝術學院考了三次還考不上。

《戰爭與和平》的作者托爾斯泰讀大學時，因為成績太差而被勸退學。老師評價他：「既沒有讀書的頭腦，又缺乏學習的興趣。」

如果這些著名人士沒有走自己的路，沉浸於他人的評價之中，怎麼能取得舉世矚目的成績？世界上永遠沒有絕對的第一。看過貝克漢踢球的人，還想滿身臭汗的在足球隊裡嗎？聽過帕華洛帝歌聲的人，還想學習美聲唱法嗎？其實，如果總是擔心自己比不上別人，只想功成名就，世界上也就沒有帕華洛帝、貝克漢這類人。

生活中，每個人都有展示自己的機會。那些每天一早到公園練武打拳和做體操的人，那些只要有空就練習書法繪畫、設計剪裁服裝和唱戲奏樂的人，根本不在意別人對他們姿態和成果品頭論足，也不會因為沒人叫好或有人挑剔就停止練習、情緒消沉。他們的主要目的不在於當眾展示、參賽獲獎，而是自得其樂、自有收益，滿足自己對生活美和藝術美的渴求。

走自己的路，讓別人去評論吧，只要自己活得快樂，又何必在乎他人的眼光。

獨有之人，是謂至貴

【語譯】

具有獨立特行的人，就可以稱為至高無尚的貴人。

【原文釋評】

莊子認為，人不應該被外物困擾，要做就做一個獨立的人。天下無論多少條路，都要靠自己走，別人永遠無法替代，命運只有靠自己把握，只有自己才是自己真正的主人。

古代有這樣一個笑話：一個衙門的差役，奉命解送一個犯了罪的和尚，臨行前，他怕自己忘記帶東西，就編了一個順口溜：「包袱雨傘枷，文書和尚我。」在路上，他一邊走，一邊念著這兩句話，總是怕不小心把東西丟失一件，回去交不了差。和尚看他有些呆，就在停下來吃飯時，用酒把他灌醉了，然後給他剃了個光頭，又把自己脖子上的枷鎖套在他的身上，自己溜之大吉。差役酒醒後，總是感到少了點什麼，可是包袱、雨傘、文書都在，摸摸自己脖子，枷鎖也在，又摸摸自己的頭，是一個光頭，表示和尚也沒丟，可是他還是覺得少了點什麼，念著順口溜一對，他大驚失色：「我哪裡去了，怎麼沒有我了？」

是啊，什麼都沒丟，卻將自己弄丟了，雖為笑話，卻也讓人深思。一位名人曾經說：「我是命運的主人，我主宰我的心靈。」做人應該做自己的主人，應該主宰自己的命運，不能把自己交付給別人。生活中，有些人卻不能主宰自己，有些人把自己交付給金錢，成為金錢的奴隸，有些人為了權利，成為權利的俘虜，有些人受不了生活中各種挫折與困難的考驗，把自己交給了上帝。過於熱衷於追求外物者，最終可能會如願以償，但卻會像差役一樣把最重要的一樣給丟了，那就是自己。

我們有權力決定生活中應該做什麼，不能由別人代做決定，更不能讓別人影響我們的意志，自己卻成為傀儡。其實，只有自己最瞭解自己，別人不見得比自己高明，也不會比自己更瞭解自身實力，只有自己的決定才是最好的。

我們應該做命運的主人，不能任由命運擺布自己。莫札特和梵谷生前都沒有受到命運的公平待遇，但是他們沒有向命運屈服，沒有向命運低頭，他們向命運挑戰，並最終戰勝它，成為自己的主人，成為命運的主宰。

挪威劇作家易卜生有一句名言：「**人的第一天職是什麼？答案很簡單：做自己。**」是的，做人首先要做自己，首先要認清自己，把握自己的命運，實現自己的人生價值，這樣才是真正的自己。

是役人之役，適人之適，而不自適其適者也

【語譯】

這樣的人都被役使世人的人所役使，都被安適世人的人所安適，而不是能使自己得到安適的人。

【原文釋評】

莊子認為，人容易追隨他人，喪失自己，所以找不到快樂，生活之中人想要取得成功，就要做與眾不同的自己。

做一個隨波逐流的人，要比依照自己的生活節奏前進的人要容易得多。要做到無論何時都可以把握自我，不管大家現在做些什麼，有什麼新的潮流，一定要讓生活的航線不偏離。

愛默生在他一篇談自信的文章中曾經寫道：「要成為一個頂天立地的男子漢，就必須不隨波逐流。」當你在攀登頂峰時，你是站在某個「機構」的最上層；它可能是某個部門、某家工廠、某個公司。愛默生同時指出，那就是每個商界人士必須認識到的：「一個機構就是一個人加長的影子。」

許多人通常都會需要也很歡迎別人在他需要的時候伸出援手。在你攀登頂峰的路上，你不要拒絕別人的幫助，但是要記住，從長遠來看，你依然是自己那艘船的船長，掌舵的是你，這艘船是駛向你要去的地方，你必須是發號施令的人。畢竟，你未必喜歡他人的目的地。你絕對不能隨著他人的節奏起舞。你必須

信任你的直覺，感覺什麼是對的，什麼是錯的。當初哥倫布船上的船員都力促他返航，但是他不為所動，繼續他的航程。你必須學著培養「獨立自主」的能力。建立屬於自己的王國。

在你一路攀向頂峰時，當你環顧四周，很多時候會發現自己竟然是如此的孤獨，就像人們所形容的：「高處不勝寒」。你可能突然想到：「我要依靠誰？我要與誰同行？誰會帶著我走過艱辛的路程？」

答案就是——你自己。現在你一個人步履蹣跚的朝著目標前進，你所秉持的正是那份獨立自主的能力。要不斷努力去做你認為是對的事，那些你在內心裡相信應該去做的事。

即使你發現自己是如此的孤獨，如此的與眾不同，你仍然應該為所當為。別人可能會要你向大家看齊，但是想想看，如果大家都像是一個模子裡刻出來的，這個世界會是多麼單調乏味。

你要遵守的規則就是：當你獨自在事業以及生活的領域裡站穩腳步時，要確定你不會阻礙別人擁有相同的權利。讓他們也保有他們的立足點，同時如果有必要，要讓他們協助你保有你自己的立足點。

除了你自己之外，絕對沒有一個人對你的命運有最後的決定權。

你敬重父母和朋友，但是你最親密的友人是你自己。你要先和自己做朋友，要先敬重自己；在博得別人好感之前，先獲得自己好感，你擁有的最大財富是你對自己的好印象；不管是誰，都不能把它奪走。假如有人這樣做，那是他固執己見，想要讓你過他的生活，而非你自己的生活。

你可以聆聽父母和朋友的忠告，可是最終要自己決定想做什麼。在自己能力和知識範圍之內，只要你想做的不會損害他人，積極的向你的目標邁進，不要讓任何人使你在航程中轉向，因為你必須信任你的目標，你必須到達你的目的地。

你的目標和父母與朋友的目標不相同，你必須要做你覺得非做不可的事，那是你應該有的權力，要讓自信幫助你而非反對你。要選擇自己的事業，因為你相信它的發展，千萬不要選擇適應別人的事業，那是失敗和苦惱的開端。做好屬於自己的事業，開拓屬於自己的天空，駛向屬於自己的生活。

言者有言，其所言者特未定也

【語譯】

善辯的人議論紛紛，他們所說的話也不曾有定論。

【原文釋評】

莊子認為，善於辯論的人儘管在不停的說，但是結果卻仍然沒有定論，所以做人不要受別人的影響，因為別人也不知道具體結果是怎樣，你的未來又怎麼可以交到這樣人的手中，因此做人還是做自己。

在社會生活中，每個人都扮演不同的角色，從社會人際關係學的角度講，人都處在兩個層次的社會關係之中：一是每個人都歸屬於一定的民族、階級或黨派，生活在一定的國度，處於人際間的宏觀關係之中；二是每個人都有親屬、同事、上下級和業務聯繫等關係，處於人際間的微觀關係中。每個人總是要同時以「宏觀身分」和「微觀身分」，來對待和處理人際間的各種關係。不管是國家和國家之間的衝突與聯合，階級和階級之間的抗爭與妥協，還是個人和團體的對立與協調；不管是人們痛苦的離別，還是快樂的團聚；是深深的思念，還是暗暗的詛咒；是善意的勸告，還是惡意的挑撥；是殘酷的爭鬥，還是友好的合作；是虛偽的應對，還是真誠的共處；是冷漠的相待，還是熱情的交往……所有這些，都在人際間發生、發展、變化。正是這些人際間的悲歡離合和冷暖親疏，構成紛繁複雜的社會。

莎士比亞有一句名言：「世界是一個舞台，每個人都扮演一個重要的角色。」一個人要在社會上取得成功，首先要確定自己在社會上的角色。

確定自己的角色就是要明確自己的人生目標，給自己在社會生活中定位。

【經典案例】

卡內基曾經這樣總結自己的教訓——當我由密蘇里州的鄉下到紐約去的時候，我進了美國戲劇學院，希望能做一個演員。我當時有一個自以為非常聰明的想法，一條到達成功的捷徑，這個想法非常的簡單，非常的完美，所以我不懂得為什麼成千上萬富有野心的人竟然沒有發現這一點。這個想法是這樣的：我要去學當年那些有名的演員怎樣演戲，學會他們的優點，然後把每個人的長處學下來，使自己成為一個集所有優點於一身的名演員。多麼愚蠢！多麼荒謬！我竟然浪費了很多時間去模仿別人，最後終於明白，我一定要維持本色，我不可能變成任何人。

這次痛苦的經驗，應該能教給我長久難忘的一課才對，可是其實不然。我並沒有學乖，我太笨了，希望那是所有關於公開演說的書本中最好的一本。在寫那本書的時候，我又有了和以前演戲時一樣的笨想法。我打算把很多其他作者的觀念，都「借」過來放在那本書裡，使那一本書能包羅萬象。於是我去買了十幾本有關公開演說的書，花了一年時間把它們的概念寫進我的書裡，可是最後我再一次的發現我又做了一件傻事。這種把別人的觀念拼湊在一起而寫成的東西非常做作和沉悶，沒有一個人能夠看得下去。所以，我把一年的心血都丟進廢紙簍裡，從新開始。這一次我對自己說：「你一定要維持你自己的本色，無論你的錯誤有多少，能力多麼有限，你都不可能變成別人。」於是，我不再試著做其他所有人的綜合體，而捲起我的袖子，做了我最先應該做的那件事。我寫了一本關於公開演說的教科書，完全以我自己的經驗、觀察，以一個演說家和一個演說教師的身分來寫。

卡內基取得了成功，是因為他終於明確他自己的角色，從他自己的角度從事社會活動。

人對自己角色的確定，一方面是自我評價，一方面是他人評價，同時也是由社會分工確定。所以，人的社會角色也是在不斷的發展變化。每個人都要根據角色的發展變化，及時調整自己的心態，才可以在社交中受到歡迎，建立良好的人際關係。

其實，人對自己角色的認同，就可以使人保持一個平常的心態，在自己的位置，以自己的身分和能力，做好自己的事情，與周圍的人建立友好的關係。

夫隨其成心而師之，誰獨且無師乎？

【語譯】

如果依據自己的成見作為判斷的標準，誰沒有一個標準？

【原文釋評】

莊子認為，每個人都有自己對事物的判斷標準，不受他人影響，應該保持自我本色，不要人云亦云。每個人都是世上獨一無二的，你就是你自己，不要按照他人的眼光和標準來評判甚至約束自己，你無須總是效仿他人。保持自我本色，才能體會什麼是真正的快樂。

每個人的生活面貌都是由自己塑造而成，如果我們能學會接受自己，看清自己的長處，明白自己的短處，就可以站穩腳步，達到目標，這樣就不至於浪費許多時間和精力。

不能保持自己的本來面目，這個問題比比皆是，這也是造成許多精神衰弱症和精神異常或精神錯亂的根源。曾經對兒童教育問題寫過十多本書和上千篇報導的安格羅・派屈說：「當理想中的自我與現實中的自我不一致時，就是一種不幸。」這種現象在好萊塢比比皆是，著名導演山姆・伍德曾經說，他最頭痛的就是讓那些年輕演員如何秉持本色，他們只想變成三流的拉娜・透納，或三流的克拉克・蓋博，而觀眾要的是另一種口味。

在執導《戰地鐘聲》等名片之前，山姆・伍德從事過好幾年的房地產生意，形成自己的推銷風格。他聲稱，拍電影和做生意的原則一樣，如果你只是模仿別人，就不能成功。「經驗告訴我，」伍德說：「不能表現出自我本色者註定要失敗，而且失敗得很快。」

【經典案例】

歐文・柏林曾經給喬治・葛斯文提出忠告。他們兩人初識的時候，歐文・柏林已經是一位有名的作曲家，葛斯文還是一個每星期只賺三十五塊美元的無名小卒。

歐文・柏林很賞識葛斯文的才華，願意付三倍的價錢請葛斯文當音樂助理。「但是，你最好不要接受這份工作。」歐文・柏林說：「如果你接受了，可能會變成一個二流的歐文・柏林，如果你秉持本色奮鬥下去，你會是一個一流的葛斯文。」葛斯文記住柏林的忠告，果然成為美國當代著名的音樂家。

查理・卓別林開始拍電影的時候，導演要他模仿當時一個有名的德國喜劇演員。卓別林一直都不顯得出色，直到找出屬於自己的戲路。

上天安排你到世上，就已經為你打造好屬於自己的個性。所以，堅信自己是世上獨一無二的，應該把自己的稟賦發揮出來。根據分析，所有的藝術家都是具有一些天賦；你是什麼就唱什麼，是什麼就畫什麼。經驗和環境的遺傳造就你的面目，無論是好是壞，你都要耕耘自己的園地；無論是好是壞，你都要彈起生命中的琴弦。

愛默生在他的散文《自恃》中寫道，每個人在受教育的過程中，都會有一段時間確信嫉妒是愚昧的，模仿只會毀了自己；每個人的好與壞都是自身的一部分，縱使宇宙間充滿美好的東西，但是如果不努力，你什麼也得不到。你內在的力量是獨一無二的，只有你知道自己能做什麼，但是除非你真的去做，否則連你也不知道自己真的能做什麼。你不應該丟掉自己身上最好的東西，去盲目模仿別人，把自己變成別人的影子。

「**想要成為真正的『人』，必須先是一個不盲從因襲的人，你心靈的完整性是不可侵犯的……**當我放棄自己的立場，而用別人的觀點去看一件事的時候，錯誤就造成了……」這是愛默生所講的名言。這對喜歡強調「由別人的觀點看事情」以增進人際關係的人來說是一大震撼。也許我們可以把愛默生的話做以下解釋：「要盡可能用他人的觀點來看事情，但不可因此失去自己的觀點。」如果成熟可以帶給你什麼好處，那就是發現自己的信念及實現這些信念的勇氣，無論遇到什麼樣的因素。

普林斯頓大學校長哈洛・達斯，對順應群體與否的問題十分關切。他在一九五五年的學生畢業典禮上，以《超越盲從的重要性》的題目發表演說，指出：「無論你受到的壓力有多大，使你不得不改變自己去順應環境，但只要你是一個超越盲從而具有獨立個性的人就會發現，不管你如何盡力想用理性的方法向環境投降，你仍然會失去自己所擁有的最珍貴的資產——自尊。想要維護自己的獨立性，可以說是人類具有的神聖需求，是不願意當別人橡皮圖章的尊嚴表現。盲從雖然可以一時得到某種情緒上的滿足，卻也會隨時干擾你心靈的平靜。」

達斯校長最後做了一個很深刻的結論。他指出：「**盲從是導致人生失去自我的危機因素之一，人們只有在找到自我的時候，才會明白自己為什麼會到這個世界上，**要做些什麼事，以後又要到什麼地方等問題。」

每個人都應該肯定自我，秉持本色，相信自己是獨一無二的，用自己的智慧來完成屬於自己的使命。

莊子

ZHUANG ZHOU

第五章：無欲無求，平常心態

保持平常心是一種人生境界。它不是消極的讓人不思進取，無所作為，而是要人們對生命意義的把握進入一個更高的層次，以便充分發揮生命的潛質，使生命更燦爛的放射出原有的光華。

是亦彼也，彼亦是也。彼亦一是非，此亦一是非

【語譯】

事物的這一面也就是事物的那一面，事物的那一面也就是事物的這一面。事物的那一面有它的是與非，事物的這一面同樣也有它的是與非。

【原文釋評】

莊子認為，任何事物都有兩面性，好與壞、是與非，不一而定。人都有得志和失意的時候，所謂「得意不要忘形，失意不要失志」，就是一種泰山崩於前而面不改色的神態，只是這種境界誰又能做得到？

人們喜歡在別人面前顯示聰明，害怕出醜。實際生活並非如此。聰明的人有時候簡直就像一個傻瓜，他們當眾出醜，卻若無其事，他們被人嗤笑卻不以為然。然而，他們就這樣聰明。有人網球打得不好，所以總是害怕打輸，不敢與人比賽，至今他的網球技術仍然很糟糕。有些人網球打得很差，但是他不怕輸，越是輸越打，後來成為令人羨慕的網球選手。

聰明令人羨慕，出醜往往讓人感到難堪。但是做人不敢出醜，就不會聰明。生活中值得讚賞的是那些勇敢的去做他們想做的事，即使在眾人面前出醜，還是灑脫的說：「哦，這沒什麼！」

生活中很多人都不願意成為初學者，總是拒絕學習新東西。因為害怕「出醜」，寧願錯過自己的機會，限制自己的樂趣，禁錮自己的生活。

「過而不改，斯謂過矣。」意思是說：犯了一次錯不算什麼，錯了不知悔改，才算真的錯了。人都不是完美的，沒有人不會犯錯，有時候還會錯上加錯，既然錯誤是不可避免的，可怕的不是錯誤本身，而是知錯而不肯改，錯了也不悔過。

面對錯誤要有足夠的勇氣去承認它和面對它，不僅能彌補錯誤所帶來的不良後果，在今後的生活中更主動活躍，而且能加深他人對自己的良好印象，進而原諒其錯誤。這不僅不是「失」，反而是最大的「得」。

事實上，勇於承認錯誤的人，同時可以獲得某種程度的滿足感，這不僅可以消除罪惡感和自我保護的氣氛，而且有助於解決這項錯誤所製造的問題。戴爾・卡內基告訴我們，即使傻瓜也會為自己的錯誤辯護，但是能承認自己錯誤的人，就會獲得他人的尊重，而且令人有一種高貴誠信的感覺。

面對自己的過錯與其找藉口逃避責難，不如勇於承認，在別人沒有機會把你的錯誤到處宣揚之前，對自己的行為負起一切的責任。

如果你在工作中出錯，要立即向主管坦承自己的失誤，這樣也許會被指責，可是主管的心中卻會認為你是一個誠實的人，將來也許對你更倚重，你所得到的可能比你失去的還多。

如果你所犯的錯誤可能會影響到其他同事的工作成績或進度時，無論同事是否已發現這些不利影響，都要在同事找你「興師問罪」之前主動向他道歉、解釋。千萬不要企圖自我辯護，推卸責任，否則只會火上加油，令對方更感憤怒。

每個人都會犯錯，尤其是當你精神不佳、工作過重、承受太沉重的生活壓力時。偶爾不小心犯錯是很普通的事情，關鍵是犯錯後要用正確的態度對待它。犯錯不算什麼天大的事，「有則改之，無則嘉勉」，只要你用平常心態看待，不固守所謂的自尊，就可以坦誠的面對自己和別人。

的確，如果要改變自己的生活位置，我們總要冒著出醜的風險。不要擔心出醜，否則你會受到困於靜止的生活而隨時渴望變化的願望的痛苦煎熬。相對的，害怕出醜，也會因失去許多生活機會而長久感到後悔，**「一個從來不出醜的人，不是一個他自己想像的聰明人。」**做一個不怕「出醜」的聰明人，你會更聰明。

故不為軒冕肆志，不為窮約趨俗，其樂彼與此同，故無憂而已矣

【語譯】

所以，不要為榮華高位而恣意放縱心志，不要因窮困窘迫而趨附世俗，身處榮華富貴與窮困窘迫的快樂相同，所以沒有憂慮。

【原文釋評】

莊子認為，無論世人處於什麼地位，即是榮華高位抑或窮困潦倒都應該有自己的快樂，用平常心去面對人生的風雲變幻。

不以名累，寵辱不驚，安之若素，永遠保持平常的本色，這是名人的方式，是他們對待名利和榮譽的一種態度。

保持平常心是人生一種境界，它不是消極的讓人不思進取、無所作為，不是宣言萬物皆空、勸人遁世，而是希望在擁有「平常心」能充分發揮生命的潛質，使生命更燦爛的放射出原有的光華。

有人說：「能夠從事自己喜歡的工作，就是簡單和快樂的人。」這樣一來，煩惱和疲勞就無隙可乘。再者，當產生興趣時也會產生工作意願。就如同陪著一個自己討厭的人散步一公里，一定比與熱戀情侶散步十公里更感疲倦。

哥倫比亞大學心理學教授桑代克博士對疲勞問題進行過一種實驗。他以幾個青年為對象，用各種方法引發他們的興趣，使他們大約一個星期皆未上床睡覺。因此，他在結論中指出：「厭倦是工作效率減低的唯一原因。」

由此可見，我們的疲勞大多非因工作所產生，而是由於煩惱、挫折、懊悔。

如果發生以上的情況，應該怎麼辦？或許這個速記員的實例能給你帶來啟發：她在奧克拉荷馬石油公司服務，每天必須在一大堆的借貸契約書上填寫一些數字並加以統計，工作性質極其單調，使她頗感厭倦。為了自我提升，她決心設法使它趣味化——每天跟自己競爭。當結束上午的工作時，她就統計所做成的數量，該天下午即以超過上午的成績為目標。然後，再統計全天的工作量，第二天則以超過前一天為目標而努力。結果，她的工作績效名列全組第一。這給她帶來什麼好處？嘉獎、感謝、升遷、加薪？都沒有。然而，她從此不再對工作感到疲勞厭煩。那是因為具有目標的努力，給予她一種精神刺激，使她產生更大的活力和熱忱，此後也讓她能夠享受更多閒暇。

在工作中，我們有時候會被繁雜的事務弄得焦頭爛額，甚至想放棄，但是由於生活所迫，我們必須面對現實，此時的我們不如換一種心態，或許你會發現自己也能做出非常之事。

【經典案例】

有一個名叫哈瓦德的貧窮少年，決心強迫自己一定要「敬業樂業」，進而使他的人生完全改觀。他在一所高級的餐廳打工，工作卑微而繁瑣，當其他少年與高采烈玩棒球或與女生約會時，他卻正在洗碗盤、擦桌椅，或舀霜淇淋給客人。哈瓦德很輕蔑自己的工作，然而因為家境所逼，又無法放棄這份工作，於是他決心研究有關霜淇淋的種種問題，例如：製造過程如何、使用何種材料、為何味道有好壞之別……由於長期沉浸於霜淇淋問題的研究，使他成為高中化學課程的專家。接著，他又轉向對營養化學發生興趣，考進麻薩諸塞州立大學，專攻食品化學。

哈瓦德畢業後由於沒有適當的工作，就在自己住宅的地下室設立一個私人實驗室。不久之後，麻薩諸塞州議會通過一條新法律：牛乳產品中必須標示它的活性菌數。哈瓦德恰為此行專家，他的故鄉亞馬斯特的十四家牛奶公司紛紛聘請他擔任該項工作——計算活性菌數。因為應接不暇，使他必須聘用兩個助手。

其後二十五年，他仍然堅守營養化學的工作崗位，而當年許多從事該行業的同事，有些已亡故，有些則改行，只有他二十五年如一日，一直未減其研究的熱忱和創意，並且不斷提攜青年學子，而成為此業的指導者，其盛名始終屹立不倒。當年被他所羨慕的那一群同學，如今有許多人正在失業中，他們落魄潦倒，只剩下對政府的咒罵和自嘆時運不濟。如果哈瓦德沒有化厭煩為樂趣這一念之間的改變，機會也許就不會降臨到他的身上。

工作中，你的老闆也希望你對工作發生興趣，因為工作效率提高，就是增加他的利潤。老闆如何盤算我們暫且不管，最重要的是，你對工作發生興趣，你的人生幸福也許可以倍增。因為在你清醒的時間中約近一半都耗費在工作上，如果你不能在工作中找到樂趣，你在任何地方恐怕也很難發現快樂、幸福。從長遠的眼光來看，對工作發生興趣，除了可消除煩惱之外，與加薪或升遷亦有密切關係，即使未達到那些效果，也可以將疲勞減到最低程度，使你能夠享受餘暇時間。

生活中，不如學會「岩松無心，風來而吟」，以不變應萬變，對於名利榮譽這些身外之物，又何必常掛於身，享受自然之風，快樂生活如浴春風。

人大喜邪，毗於陽；大怒邪，毗於陰

【語譯】

人過度歡心，一定會傷害陽氣；過度憤怒，一定會傷害陰氣。

【原文釋評】

莊子認為，人不能過度的處於歡心或憤怒之中，否則會傷害人的身體，生活中無論面對何種事，都應該敞開心扉，把過度快樂與憤怒放之於外，不要壓抑自己，保持平常心態。

有一位讀高一的女生，青春期來的時候，她慢慢的產生擺脫父母的心理，開始有自己的書房和小書桌，每天偷偷的寫日記，藏在抽屜中，不給媽媽看。她希望用自己的內心去體驗世界，可是面對紛繁的現實世界、繁雜的人際關係以及沉重的學習壓力，又感到一種內心的不安全感。於是，她開始變得孤僻，害怕人際交往，在內心中產生一種莫名其妙的封閉心理。有時候，一個人跑到小溪邊望著寧靜的溪水流淚，顧影自憐。她渴望與同學進行交往，羨慕其他同學快快樂樂、無憂無慮的參加團體活動，可是她又害怕主動與別人交往，還抱怨別人對她不理解、不接納。

自我封閉會使自己不願意與人交往，不敢踏入新的人際網絡，長期累積會成為一種嚴重的心理疾病。

自我封閉這種心態，產生原因有以下幾個方面：

過分自尊的心理

世界著名心理學家馬斯洛的自我實現心理學，提出人的自尊需要。其實，每個人都希望自己得到公眾的尊重和喜歡，但是這種自尊的需要僅僅是自己的一種希冀，能否在事實上得到，則取決於公眾對自己言行舉止的評價和肯定。如果將自尊的需要作為一種行動去指導自己的行為，這本來沒有理論上的錯誤，問題是這種自尊心理不能過度。一個人在社交中如果讓自尊心理佔據指導和支配地位，就會對人們會怎麼看待自己非常在意。甚至有時候會因為過分自尊心理的原因，而不願意與比自己強的人交往，擔心相比之下，會失去自己的「價價」，失去尊重。如此一來，就會封閉自己，不與外界往來，慢慢的就會脫離社會，行為孤僻。

自卑情緒

自卑是人們對自己虛設的一種自我否定，也就是說「自己瞧不起自己」，缺乏自信和自強。這種心理一般表現為害怕失敗，或是說不能正確看待失敗。以下有十種類型的自卑情緒，如果你符合其中的一種或兩種以上，就要小心了：

- 為了追求超過限度的願望而心焦氣躁。
- 由於企求讚賞的願望太迫切，不時行之於言表。如果無法如願，反過來責備別人。
- 產生自己是十全十美的錯覺，因而自以為能夠具有本身不可能得到的力量。
- 企盼做出超出能力的事，由於達成無望，因而經常消極的嘲笑自己。

- 曾經在競爭上輸給別人，卻一直難以忘懷。
- 被別人的成功壓倒，嘆息「幸運」沒有降臨到自己頭上。
- 沒有測量自己的標準，總是以別人的標準測量自己。
- 逢人就說：「我的工作條件不好，怎麼可能成功？」藉此逃避自己的責任。
- 經常擔心被別人看穿自己的煩惱，因此與人接觸總是存有戒心。
- 不敢面對缺乏能力的自己——刻意逃避自己。事實證明，有自卑感的人，總是畏畏縮縮，社交時自然「不戰自敗」。

羞怯心理

怕羞者經常害怕別人否定自己，他們總是把別人看成是自己的法官，這樣一來，跟其他人在一起就會感到不自在。特別是和名人或水準比自己高的人交往，這種「不自在」就像芒刺在背。久而久之就會封閉自己，不與他人往來。

愚昧無知

西方一位心理學家指出：「**愚昧是產生懼怕的泉源，知識是醫治懼怕的良藥。**」例如：大家正在談論某個話題，如果一個人對這個話題毫無所知，在這種社交場合下，他如果不是介入談論，就會明白的告訴他人自己對此一無所知；如果介入談論，就會由於無知而害怕「難堪」，所以這種進退維谷的局面，就會使他封閉自我，不參與社交，孤立於一隅。

只有克服這種自我封閉的消極心態，正確認識自己，勇敢的走入社會，與他人進行交流，做事才會成功。克服心態的方法有：

要有社交成功的願望。只要你想進入大家的圈子，想成為其中一員，想受到大家的歡迎，想有許多朋友，你就會努力去適應社交，利用你的一切智慧去掌握社交的技能，與社會融於一體。

要敢於表現自己的長處。每個人都有自己的長處，需要你在交往中發現，不斷的顯示自己的長處，就會吸引別人的注意，就會找到自己的志同道合者。只要你有自信，就會使自己的長處得到充分的發揮。

在別人面前勇於承認自己的缺陷與不足，不僅不會丟臉，反而會贏得別人的尊敬。每個人都有自己的短處，承認自己的缺陷和不足，不要怕他人的眼光，因為只有承認自己的不足，才有改正的可能。只有敢於承認自己不足，大家才會認為你是一個誠實的人，值得信賴，就會願意結交你，和你成為朋友。

多與別人交談，敞開心扉，能容他人，他人也就可以容自己。只要與人交談就會收到交際的效果。多與人交談，就會敢於說出自己的心裡話，就會與人坦誠相待，就會容許別人發表自己的見解，彼此相容就會達成一致，你也就學會了交際。

打開心靈的鑰匙，讓自己融於社會，坦誠待人，你將會在社會這個舞台中找到屬於自己的快樂。

汝游心於淡，合氣於漠，順物自然而無容私焉，而天下治矣

【語譯】

你應該處於保持本性無所修飾的心境，交合形氣於清幽恬淡的方域，順著自然的本性而不用任何私意，天下就可以治理好。

【原文釋評】

莊子認為，如果想治理好天下，就必須使自己清幽恬淡。做人也應該如此，只有保持恬淡之心和樂觀態度，才可以更好的做事。

如果你想擁有健全的、正常的、和諧的生活，不妨擁有一顆樂觀的心。但是擁有樂觀的同時你會發現悲觀就在不遠處。

悲觀的人對人生的態度與樂觀的人正好相反，認為一切都不可改變，對一切都抱持否定態度，對任何事情總是做最壞的預測，在觀察人的時候，總是看到本質惡劣的一面、充滿自私自利的動機。對悲觀的人而言，社會是由一群狡猾、頹廢而邪惡的人組成，他們總是想利用周遭的事物為自己謀利。這群人既無法信賴，也不值得對其伸出援手。

如果你曾經與悲觀的人進行合作，你會發現，只要你一提出計畫，他們就會立刻站出來反對，提出一

連串的問題與障礙。而且他還會告訴你，即使圓滿達成目的，最後只會嘗到苦澀。經這麼一說，你大概會對自己的計畫產生動搖吧！

具體來說，悲觀「傾向」有兩點：一是對未來的不定與恐懼；二是人與生俱來的怠惰，希望環境不要有任何的變動。事實上，悲觀者的本質就是怠惰，他不願意努力適應新的事物，也不願意改變習慣。無論起床和用餐以及度假的方式，都希望依照固定的模式進行。

一般來說，悲觀的人往往自私。以人推及，他認為既然每個人那麼貪婪和墮落，而且千方百計想佔人便宜，自己又為什麼必須寬以待人？他經常深懷嫉妒，只要聽他說話就知道了。

相反的，如果你與樂觀的人相處，就會快樂很多，因為他們容易信賴他人，願與他人共赴困難。雖然也能察覺別人的惡意或缺點，但也相信每個人都有優點，所以與樂觀的人相處，悲觀的人也會受到感染。

悲觀的人就像一隻躲在自己殼裡的烏龜，稍微探一下頭，就怕發生異常危險。相反的，樂觀者關心別人，讓別人暢所欲言，給別人時間，觀察對方的所作所為。如此一來，就可以瞭解每個人的長處和優點，因而得以團結和領導眾人，共同朝某個目標邁進。卓越的組織者和優秀的企業家，都具備這種特質。

此外，樂觀的人也容易克服困難而轉敗為勝。因為他會在失敗中積極尋找新的解決方法，在很短的時間內把不利的條件轉變成有利的條件，悲觀者則會因為看到困難而心生畏懼和退縮不前。要讓樂觀的情緒帶走悲觀，做一個快樂的人。

定乎內外之分，辯乎榮辱之境，斯已矣

【語譯】

清楚的劃定自身與物外的區別，辨別榮譽與恥辱的界限，只是如此而已！

【原文釋評】

莊子認為，無論外物與內物，還是榮與辱，都是身外之物。不要被外在的事物動搖自己，應該保有一顆自然心。

「不以物喜，不以物悲」，表現出人們對外物的一種正確態度。

【經典案例】

台灣著名作家林新居作品裡的一個小故事《就是這樣嗎？》，或許能給你一種啟發。

「白隱」是日本著名的禪師，佛法功德均為當時之人所仰慕。

有一對夫婦，在住處的附近開了一家食品店，家裡有一個漂亮的女兒。無意間，夫婦倆發現女兒的肚子無緣無故的大起來。面對這種事情，她的父母震怒異常！在父母的一再逼問下，她終於吞吞吐吐的說出

「白隱」兩字。

她的父母怒不可遏的去找白隱理論，但是這位大師不置可否，只是若無其事的回答：「就是這樣嗎？」孩子生下來後，就被送給白隱。面對自己的名譽被毀，但是他不以為然，只是非常細心的照顧孩子。他向鄰居乞求嬰兒所需的牛奶和其他用品，雖不免橫遭白眼，或是冷嘲熱諷，他總是處之泰然，彷彿他是受託撫養別人的孩子一般。

事隔一年後，這位沒有結婚的媽媽，終於不忍心再欺瞞下去。她向父母吐露真相，孩子的生父是在魚市工作的一個青年。

她的父母立即將她帶到白隱那裡，向他道歉，請他原諒，並將孩子帶回。

白隱仍然是淡然如水，他只是在交回孩子的時候，輕聲地說：「就是這樣嗎？」彷彿不曾發生過什麼事。即使有，也只像微風吹過耳畔，霎時即逝！

為了讓這個少女有生存的機會與空間，白隱甘心代人受過，犧牲自己的名譽，在受到人們冷嘲熱諷時淡然不驚，只是簡單的一句：「就是這樣嗎？」在冤屈被洗刷之後，還是一句平淡的話：「就是這樣嗎？」這種榮辱不驚的處世態度讓人折服，可見白隱修養之高，道德之美。

十九世紀中葉，美國有一個叫菲爾德的企業家，想要實現用海底電纜把「歐美兩個大陸連接起來」，因此成為美國當時最受尊敬的人，被譽為「兩個世界的統一者」。在舉行盛大的接通典禮上，剛被接通的電纜傳送信號突然中斷，人們的歡呼聲變為憤怒的狂濤，都罵他是「騙子」、「白癡」。可是菲爾德對於這些毀譽只是淡淡的一笑。他不做解釋，繼續埋頭苦幹，經過六年的努力，最終利用海底電纜架起歐美大陸之橋。在慶典會上，他卻沒上貴賓台，只遠遠的站在人群中觀看。

菲爾德不僅是「兩個世界的統一者」，而且是一個理性的戰勝者。當遇到他人的質疑時，只淡然一笑，然後做出正確的選擇，在實際行為上顯示出強烈的意志力和自信，這就是一種理性的自我完善。

每個人都不可避免的會面對成功與失敗，只是大小與意義有所不同。面對成功與失敗，應榮辱不驚。成功時要謹記，榮譽只是過眼雲煙，只是對自己能力的一種證明。失敗了也不要一蹶不振，因為你奮鬥了，何談後悔。人生榮辱只為一時，時光流逝，一切皆雲煙。

以仁為恩，以義為理，以禮為行，以樂為和，薰然慈仁，謂之君子。

【語譯】

用仁普施恩澤，用義分辨事理，用禮規範行動，用樂調和性情，狀貌慈祥可親，稱為君子。

【原文釋評】

莊子認為，君子應該有仁、義、禮，做人擁有好心情，也就具備仁、義、禮，快樂自在其中。心性好，心態也就會隨之平和與完善，這是因為心性因為年齡的增長而成熟，隨著歲月流逝，人世更迭，體會各種各樣的人生經歷之後，你就可以更明白心態與生活的關係，應該具有一個什麼樣的心態。心性，是對一個人的善惡、好壞、正確與錯誤，如何判斷自我與外界關係的一種綜合反映。人對同樣事情，在不同的心情和不同的時間往往會有不同的看法。人生中的某些艱難與不順，甚至危險與可怕的事件，往往就在「這樣」或「那樣」的心理上事先形成。

之所以說「事先」，不是說人有未卜先知的本領，而是他的行為往往事先透露了他的結果。世間之事皆是人為所成，是人的思想決定其所產生的後果。

動了什麼念頭，想去哪裡，這就是心性，心性的好壞往往就決定你心態的好壞。

人們習慣把個人的品行過於社會化，個人品行的好壞，在更多的時候，是與社會公德相聯繫。彷彿只有在公眾的場合裡，品行才能顯示它的好壞，而對個體的自我則沒有太高的要求。

事實上，心性好與壞，對他人的影響力還不是最主要、最直接的，對個人生活所具有的心態的影響才是最重要。一個人的命運如何，做事的成功與否，生活的是否美滿，甚至悲歡離合的遭遇，都是在這個「心性」之中，由這個心性影響。

心性良好，健康的人，會注意到陽光、友情、溫暖，尋找到歡樂，不缺乏自我安慰的辦法，並有迴避危險的能力。從這一點來說，好心性的人，會把日子過得舒暢，就是遇到挫折，也能自我調整，能自然的處在一種對事物的全盤理解中。

好的心性，使人保持一種健全的生活，人生的和諧也因此而生。心性惡劣的人，在生活中總是會遇到各種各樣令人頭痛的問題，容易處在不暢順中，內心黯淡，日日陰鬱。這種人，往往也是相當自私的人。心性醜惡的人，自然經常存有不好的念頭，產生不利於自己和他人的想法，容易走入偏狹，自身也會產生鬱悶，步入迷霧，經常與謬誤為伴而不知，內心也總是烏雲密布。這樣的人，很少能體會陽光和溫暖所來的快樂。

因為心性往往隱藏在個人的內心深處，所以不容易被看清。好的心性與壞的心性，也不是隨時隨地都能區分，但是它卻影響一個人對事物和生活的整體看法，指導人的每個行為，緊密聯繫人的喜怒哀樂。人生的幸福與不幸福，命運的暢通與否，甚至你到底能做多大的事，你的成功與失敗，在長時間的過程中，往往都取決於你自己的心性。

辯乎榮辱之境，斯已矣。彼其於世，未數數然也

【語譯】

能辨別清楚光榮和恥辱的界限，就這樣而已。他對於世俗的名譽，是未曾汲汲追求的。

【原文釋評】

莊子認為，宋榮子能將光榮與恥辱的界限分清楚，已經取得不小的成就，但對於名譽他卻不急切的追求，用一種淡泊的心態來看待它。

現實社會中，面對榮辱人們很少能理智的對待，所以應該讓自己擁有一個寧靜致遠的心態。我們的行為主要是受理性和情緒這兩個因素制約。理性使人變得理智、冷靜而辦事少出錯誤；情緒則是一把雙刃劍，當一個人的情緒高漲時，辦事效率會明顯的提高，但是當一個人情緒低落時，同樣也會出現更多的差錯，所以這把雙刃劍用不好，就會出問題。最好的辦法是能保持情緒的穩定，這樣不使它大起大落，保持一種平靜的心境，然後加上準確的理智作用，二者充分結合，一定能相得益彰。

理性的強與弱還與情緒有關，情緒與理性不是互相對立的。良好的情緒可以給理性指明方向，使理性更成熟和完善，也使你的思考更順利、心情更愉快、成就感更強烈、奮鬥步伐更快。

理性的強弱看起來與一個人的辦事能力並非成正比，理性強的人未必都很聰明，未必都有很高深的智

慧，理性弱的人也未必辦事能力不強。但是我們必須承認一個事實，一個心情變化起伏很大的人或變化頻率很高的人，無論能力強還是差，他做事出錯誤的判斷及抉擇的比例要比一般人高。有時候，他甚至會喪失自己的選擇判斷能力，因為他的心情被擾亂了，進而嚴重的影響他神經系統的功能，在這種情況下，他是非常不利的。

浮躁是現代人的一種通病。目光短淺，胸無大志，為了眼前的一點小利而斤斤計較。看到別人的成就自己，就不平衡和抱怨；說到他人的長處，就開始詆毀他人好高騖遠，不切實際，不踏實的著手做自己的工作，而是只想做大事，幻想一夜成為百萬富翁，卻沒有任何行動。這種人可以說整天的心情是無法平靜下來的，最終結果還是一無所獲，可見這種浮躁病是害人不淺的。

想要事業成功，必須首先立志，然後用平靜的心態去鑽研某個行業或領域，將全部注意力和身心都投入進去，而不是朝三暮四。

如何才能達到心靜如水的境界？對於不同的人可能會有不同的方法，每個人達到這個境界需要的努力也會不同。對於本來就傾向於安靜型的人，當然很容易進入狀態，對於性格較為活潑外向的人來說則應努力做到以下幾點：

暗示自己

每天多提醒自己，不要急躁要安靜，保持心平氣和。每當你稍有浮躁時，你會靠這種暗示和自我鼓勵，慢慢放鬆並最終成為習慣就好了。

生活形成規律

當你每天的生活井然有序，形成規律以後，你會發現，生活也不是使你疲憊不堪，有了規律之後，心情自然會好多了，輕鬆的心情會有助於你以平靜的心態去應付挑戰。

練習氣功

實驗證明，氣功是一項很好的運動，它能使人從繁雜的社會中暫時逃離出來，而去尋找一個內在的自我，經由練功，你的內外元氣暢通了，你會悟出很多自然界的奧秘，而且能達到心平氣和的境界。

回歸自然

不知你是否有此感覺？當你登山或去森林中漫步時，只要你將自己的身心投入到大自然，專心聆聽大自然的聲音，去呼吸清新的空氣，你會發現所有的煩惱就會隨風而逝。這個時候，你會在回歸自然的過程中，返璞歸真，找到真實的自我。

總之，理性是戰鬥的實力，不管成功到什麼程度，有功不能太自居而傲，應該淡泊一點，穩定自己的情緒，平靜自己的心境，這也是成功的秘訣。

萬物無足以鐃心者，故靜也

【語譯】

萬物不能擾亂他（聖人）的內心，所以才寧靜。

【原文釋評】

莊子認為，聖人之所以能做到心靜，是因為外物的好與壞都不足以影響他。社會上的好與壞，是與非往往不是我們所能控制的，所以無論遇到什麼事情都要保持平常心，這樣才不會失去快樂。

【經典案例】

有一位女士是一家雜誌社的主編，朋友介紹一位美工給她。這位美工剛從另一家雜誌社離職，還沒有找到工作。這位女士看他很客氣，也一副很聽話的模樣，就接受了。

這位美工的能力只能說是中等，但這位女士待他不錯，放手讓他發揮，還主動幫他爭取待遇，那位美工也感激涕零的表示將「鞠躬盡瘁」，於是女士對他更好了。

一年下來，這位美工生活安定了，並且在其他雜誌社找到兼差，但也因此稍微影響本來的工作；可是他卻開始抱怨待遇太低，設計的東西也越來越差，最後竟然丟下沒完成的工作，到另一家雜誌社。

這位女士氣得快炸了，沒事就說：「對人好，錯了嗎？對人好，錯了嗎？」

「對人好」不是一件錯事，而是不要忽略人性中「惡」的一面。人是善惡並存的，如果你對他人太好，給了別人「好好先生」的印象，就會提供他心中的「惡」產生的機會。這位美工連個招呼也不打就棄這位女士而去是一個例子，還有因為你的「好」而「軟土深掘」和得寸進尺。

我們不認為因為對人好反而被人惡意對待，就不應該對人好，但是以上的例子的確是一個教訓，因此「對人好」要講究方法。

要先從「不好」開始，再進到「好」的層次。所謂「不好」也不是無理的對待，而是給他一種精神上的壓力，讓他知道你不是好好先生，對方就不會有「反正他不會對我怎樣」的僥倖。過一段時間後，再對他「好」，這樣對方會因「鬆了一口氣」而感激你，而且也會認為你不是「壞人」，然後你就可以「好」與「不好」交互運用。也就是說，寧願先嚴後寬，再寬嚴並濟，如果先寬後嚴，絕對會引起對方的反感，怨你、恨你，就像給小孩糖果，先給少再給多，他會很高興，並且稱讚你的「好」；如果先給多後給少，他就要生氣哭鬧了，大人也是如此。

此外，也可以讓對方為你的「好」付出代價，不可以讓他有「得來容易」的感覺，否則他就不會珍惜你對他的「好」。

無論是先寬後嚴，或是先嚴後寬，永遠有根本不理會你的「好」的人，也大有人在。因此保持平常心，不因為對方的無情而生氣就很重要。

主動對別人好，只求問心無愧，但是不能強求別人以同樣的好回報你。他人對自己的好同樣也不可強求，不要去太在意，好與不好是彼此心裡的一個尺度。保持平常心，才是做人的成功之處。

因眾以寧所聞，不如眾技眾矣

【語譯】

要是存在出人頭地的心理，何嘗又能夠超出眾人？

【原文釋評】

莊子認為，想要出人頭地，就必須以平常的心態看待，不可強出頭，否則只會朝相反的方向發展。快樂來自平凡的心態，在自己的能力範圍內做自己想做的事，快樂自己，娛樂他人。

理想是生命的動力，但是如果人們過分執著，它就會變成一種生命的桎梏，你的生命也必將因此而倍感沉重，最後在不斷失望的重負中死亡。切記：「平凡的即是偉大的」，不要小視你的平凡，一切偉大的事物都是在「平凡」的累積過程中誕生。

【經典案例】

有一天，一個國王獨自到花園裡散步，使他萬分詫異的是，花園裡所有的花草樹木都枯萎了，園中一片荒涼。後來國王瞭解到，橡樹由於沒有松樹那麼高大挺拔，因此死了；松樹又因為自己不能像葡萄那樣結出許多果實，也嫉妒而死；葡萄則哀嘆自己終日匍匐在架子上，不能直立，不能像桃樹那樣開出美麗可愛的花朵，於是也死了；牽牛花也病倒了，因為它嘆息自己沒有紫丁香那樣芬芳。其餘的花草樹木等植物也都是因為自己的平凡而垂頭喪氣，無精打采，只有細小的安心草在茂盛的生長。

國王看了看這株渺小的幾乎不能再渺小，平凡的幾乎不能再平凡的安心草，然後問：「小小的安心草啊，其他植物都枯萎了，為什麼你這小草卻這麼勇敢樂觀，毫不沮喪？」

小草回答：「國王啊，我一點也不灰心失望，因為我知道，如果您想要一株榕樹，或是一株松柏、一些葡萄、一顆桃樹、一株牽牛花、一棵紫丁香，您就會叫園丁把它們種上，而我知道您希望於我的是要我做小小的安心草。」

「安心草」的生活在有些人看來是太平凡無奇了。有些聰明能幹、有遠大抱負的年輕人總是瞧不起那些平凡過日子的人。他們認為平凡的人「沒出息」、「微不足道」、「活得沒意思」，如果他們自己奮鬥失敗，無所作為，面對和常人一樣平淡無奇的生活時，就會覺得生活無聊，因而生出無盡的煩惱。

其實，平凡中有時候也蘊含一些偉大的道理，或者說是因為平凡所以偉大。一位古代哲人曾經說：「沒有大煩惱與災禍的日子，就是天大的幸福。」古希臘哲人伊壁鳩魯說得更經典，「幸福，就是身體的無痛苦和靈魂的無紛擾。」

生活有目標，想出人頭地，可以說是一種相當積極的心態，可是這必須建立在對平凡生活的肯定之上。唯有對平凡生活的肯定，才能讓人更發憤向上。相反的，如果對平凡生活的狀況一直抱持不滿的態度，想出人頭地的想法反而會給你帶來負面的影響。

生活不管再怎麼平凡渺小，一個能把一家大小的生活都照顧得很好的母親，就已經有足夠的理由值得我們尊敬。不僅我們需要這樣想，這些默默耕耘的人更需要有這樣的自信。那些不懂得成功藝術的人，通常是那種不懂得從平凡中找出偉大的人。

每個人都有不同的成功哲學，只要你能夠從心底深處對自己的生活方式感到滿足，你就已經離成功不遠了。一個人如果無法成功對待人生，他的一生就會變得毫無意義，因此在心裡描繪出自己成功的模樣對每個人來說也很重要。

擁有敏銳的感性，也是藝術至上的芥川龍之介，曾經說過一句話：「希望自己的人生過得幸福快樂，必須從日常的瑣事愛起。」這句話你不用擔心無法理解，只要照字面的意思解釋就可以。人生其實就是由一大堆瑣事所堆積而成，然而就因為是瑣事，所以我們大多都不會去在意它，甚至也記不得它。然而，想去愛這些瑣事，並且把它們都做好，必須有相當的努力與能力才能做到。

在公司中常可以看到這種人，他們看起來相當樸素踏實，也沒有什麼過人的能力，可是就是能夠把事情做得有條不紊，並且步步高升。

「為什麼像那樣的人也當得上經理？」

「也許因為他善於拍馬逢迎吧！」

像這樣的想法是絕對錯誤的，正因為這種人善於處理公司中的瑣事才有今天的地位。相反的，那些叱吒風雲於一時的人，往往到了最後都會被遺忘，因為他們雖然相當的搶眼，可是對公司而言，他們的貢獻卻不如那些善於處理瑣事的人。

因為平凡是一種十分積極而有意義的心態，因為只要你把自己對人生的苛求拋開了，你就不會再有雞蛋裡挑骨頭的想法而愉快的接受現實中的繁雜瑣事。

從這裡我們可以發現一個生活的道理，如果你覺得自己並沒有特別傑出的能力，就盡可能的試著做一個平凡的人物，把瑣事都做好，因為公司和人生的事務有九成以上都是煩人的瑣事。如果你能夠把那些瑣事做好，你就可以和那些有能力的人一樣，受到很高的評價。

千萬不可以小看這些瑣事，它有時候也可能是改變歷史的重要之處，有些人可能會在無意中成為人們眼中的英雄。

被人們認為是迄今為止最有智慧的人物之一的愛因斯坦告訴我們：**「不要努力去做一個成功的人，寧願努力去做一個有價值的人。」**他不僅給我們指明一個人生發展的取向，而且也教給我們一種對待人生的方式，這可能也是最有智慧的人生箴言吧！

在一處荒蕪的山腳下，一群正在玩耍的孩童見到一位行動遲緩的老人，背上背著一袋沉重的樹種，手中握著一個小鐽子。老人用鐽子吃力的將樹種埋入地裡。

大家很好奇老人的動作，老人對小孩說：「我在這裡附近已經種了一萬粒種子，但其中可能只有百分之一會發芽成長。雖然機會不大，我仍然希望在我晚年可以做一點有用的事。」

二十年之後，小孩都長大成人，又回到這個山腳。這裡的景象讓他們大吃一驚。因為老人當年的付出，使得這片不毛之地成為樹木參天的森林，一大片的綠色林木，令人賞心悅目。

默默的付出，或許無法立刻看到成果，然而當種子植入土中，總有發芽滋長的一天，若干年之後，當後代子孫望著這片茂盛的森林而感慨前人的恩惠的那一刻，就會想起這位平凡中見偉大的老人。

第六章：隨遇而安，知足常樂

人的能力是有限的，當你發現自己用盡全身力氣也無法達到期望的目的，不如停下你的腳步，隨遇而安。人不容易知足，卻必須學會知足，這樣才能獲得快樂。

適來，夫子時也；
適去，夫子順也。

【語譯】

偶然來到世上，你們的老師應時而生；
偶然離開人世，你們的老師順依而死。

【原文釋評】

莊子認為，人的生死都是偶然的，也是不可強求的，面對生死應該有怎樣的心態最重要。有「智」者事竟成，要生存和發展離不開才智，才智需要有進退自如的能力。

著名心理學家威廉・詹姆士曾經說：「世界由兩類人組成：一類是意志堅強的人，另一類是心志薄弱的人。後者面臨困難挫折時總是逃避，畏縮不前。面對批評，他們極易受到傷害，進而灰心喪氣，等待他們的也只有痛苦和失敗。但是意志堅強的人不會這樣，他們來自各行各業，有勞動者，有商人，有母親，有父親，有教師，有老人，也有年輕人，然而內心中都有一股與生俱來的堅強特質。所謂堅強的特質，是指在面對一切困難時，仍然有內在的勇氣承擔外來的考驗。」

【經典案例】

在紐約的小鎮上有一位名叫吉姆的男孩，他十分可愛，是一個天生的運動好手，但是在他剛入中學不久腿就瘸了，後來腿病迅速惡化為癌症。醫生告訴他必須動手術，他的一條腿就被切掉了。出院後，他拄著拐杖返回學校，高興的告訴朋友們，說他將會安上一條木頭做的腿：「到時候，我就可以用圖釘將襪子釘在腿上，你們誰都做不到。」

足球賽季一開始，吉姆立刻回去找教練，問他自己是否可以當球隊的管理員。在練球的幾星期中，他每天都準時到球場，並帶著教練訓練攻守的沙盤模型，他的勇氣和毅力迅速感染了全體隊員。有一天下午他沒來參加訓練，教練非常著急，後來才知道他又進醫院做檢查了，並得知吉姆的病情已惡化為肺癌。醫生說：「吉姆只能活六個星期了。」吉姆的父母沒有將此事告訴他。他們希望在吉姆生命的最後時期，能盡量讓他正常過日子。吉姆又回到球場上，帶著滿臉笑容來看其他隊員練球，給其他隊員加油鼓勵。因為他的鼓勵，球隊在整個賽季中保持了全勝的紀錄。為了慶祝勝利，他們決定舉行慶功宴，準備送一個全體球員簽名的足球給吉姆，遺憾的是吉姆因為身體太虛弱無法來參加。

幾週後，吉姆又回來看球賽。他臉色十分蒼白，除此之外，還是老樣子，依舊滿臉笑容，和朋友們有說有笑。比賽結束後，他到教練的辦公室，整個足球隊的隊員都在那裡。教練還輕聲責問他：「怎麼沒有來參加餐會？」「教練，你不知道我正在節食嗎？」他的笑容掩蓋了臉上的蒼白。

隊員們拿出要送他的勝利足球，並且說：「吉姆，都是因為你，我們才能獲勝。」吉姆含著眼淚，輕聲道謝。教練、吉姆和其他隊員談到下個賽季的計畫，然後大家互相道別。吉姆走到門口，以堅定冷靜的目光回頭看著教練說：「再見，教練！」

「你的意思是說，我們明天見，對不對？」教練問。

吉姆的眼睛亮了起來，堅定的目光化為一種微笑。「不要替我擔心，我沒事！」說完這句話，他就走了。

兩天後，吉姆離開了人世。

吉姆對自己將不久於人世能坦然接受，沒有絲毫的退縮，說明他是一個意志堅強、積極思考的人，他將悲慘的事實轉化為富有創意的生活體驗。或許有人會說，他還是死了，積極思想最終也未能幫他多少忙，這不完全正確。因為他憑藉信仰的力量，在最壞的環境中創造出令人振奮而溫暖的感覺。他不像鴕鳥那樣將頭埋進沙堆，逃避事實。他完全接受了命運，決定不讓自己被病痛擊倒。雖然他的生命如此短暫，但他用心珍惜它，把勇氣和信仰與歡笑永遠留在他所認識的人們心中。一個能做到這一點的人，他的人生已充滿意義。

這種積極心態的力量，就是意志堅強，這就是拒絕被打敗，也就是盡你一生所有勇敢面對人生。

如果你保持積極的心態，掌握自己的思想，並引導它為你明確的生活目標服務，你就可以享受為你帶來成功環境的成功意識；生理和心理的健康；獨立的經濟；出於愛心而且能表達自我的工作；內心的平靜；沒有恐懼的自信心；長久的友誼；長壽而且各方面都能取得平衡的生活；免於自我設限；瞭解自己和他人的智慧。

相反的，如果你抱持一種消極心態，並滲透到你的思想之中，就會影響你的工作和生活，你將會品嘗到貧窮與淒慘的生活。生理和心理的疾病，使你變得平庸的自我設限；恐懼以及其他破壞性的結果，限制你幫助自己的方法。敵人多，朋友少，產生人類所知的各種煩惱，成為所有負面影響的犧牲品，屈服在他人的意志之下，過著一種毫無意義的頹廢生活。

面對兩種心態，你或許會產生疑問：「事實果真如此嗎？我一生中就碰到過許多困難與挫折，每當這些時候，我也讀過不少積極心態的書，可是仍然解決不了問題。」或許還會說：「是的，我也認為那一套沒用。我的事業正陷入低潮，我也試過有積極心態，但是我的生意依舊毫無起色。積極思想無法改變事實，要不然我怎麼還會遇到失敗？」

如果產生如此疑問，只能說你不完全真正瞭解積極心態力量的本質。一個有積極心態的人不否認消極因素的存在，他只是能夠不讓自己沉溺其中。積極心態要求你在生活中學會積極的思想，積極思想是一種思維模式，它使我們在面臨惡劣的情形時仍然能尋求最好和最有利的結果。換句話說，在追求某種目標時，即使舉步維艱，仍然有所指望。事實也證明，只有維持好的心態，才有可能獲得成功。積極思想是一種深思熟慮的過程，也是一種主觀的選擇。

一個具有積極心態的人，絕對不是一個懦夫，因為他相信自己，相信生命。他瞭解自己的能力，面對困境一點也不畏懼，而且可以永遠立於不敗之地。他會從所發生的一切事情中掌握對自己最有利的結果。他所堅持的原則是，不斷的將弱點轉化為力量。

如果你以積極的心態面對現實，並且相信成功是你的權利，你的信心就會使你成就所有你所制定的明確目標。但是如果你接受消極心態，並且滿腦子想的都是恐懼和挫折，你所得到的也都只是恐懼和失敗。

如果你不能得到立即回報，卻仍然以願意而且愉快的態度提供更多服務，就是在培養你積極且愉悅的心態，而這正是培養引人注目的個性的基礎。

當你培養出吸引人的個性時，幾乎所有人都會願意依照你的意願為你工作。所以說培養吸引人的個性，是一件很有價值的事情。你希望別人如何對待你，你就應該以相同的態度對待對方；多想想「己所不欲，勿施於人」的金科玉律，如果對方沒有立即給你回報，你應該再接再厲。無論是面對多大的事，都要消除消極思想，使自己更積極。

亞伯拉罕・林肯曾經說：「一個人下決心想要愉快到什麼程度，他就可以愉快到什麼程度。你能夠決定自己頭腦中想些什麼，你就能控制自己的思想。」

成為積極還是消極的人，全在於你自己的抉擇。沒有人與生俱來就會表現出好的態度或不好的態度，是你自己決定要以何種態度看待你的環境和人生。做一個智者，在環境中隨遇而安，用積極的心態處理人生的挫折。

夫適人之適而不自適其適，雖盜跖與伯夷，是同為淫僻也

【語譯】

貪圖達到別人達到的境界，而不安於自己應該達到的境界，無論盜跖和伯夷，都同樣是偏僻的行徑。

【原文釋評】

莊子認為，無論高貴低賤，人都應該認清自己，不要崇尚自己達不到的境界，徒增煩惱，應該在現實中學會享受真實的自己。

莊子認為，形體勞累而不休息就會疲乏不堪，精力使用過度而不停歇就會體力勞損、精力枯竭。水的本性，不混雜就清澈，不攪動就平靜；閉塞而不流動，也就註定不能澄清，這是自然本質的現象。人不能強欲所求，忽視自我心境的修養。

如果你想簡單而快樂，就要學會享受此時此刻，因為生活中確實有許多美好的東西需要你去吸取。可惜的是，生活中的此時此地總是被忽略，我們無意中疏忽了「此刻的生活」。想一想吧，早上還沒起床時，你就開始擔心起床後的寒冷而錯失了被子裡最後幾分鐘的溫暖；吃早餐的時候，你又在想著開車上班的路上可能會堵車；上班的時候就開始計畫下班後怎麼打發時間；參加聚餐又在煩惱回家路上得花多少時間。

梭羅說：「我們可以殺死時間而毫無後遺症。」我們確實在「殺」時間。這曾經是無所事事的說法，但現在我們是真的在摧毀我們的時間。我們的時間花在殺死靈性、殺死享受愉悅的能力上。我們過於自我中心，以為創立了人類有史以來一個最佳的文明，但是我們根本沒有時間享受。

切斯特菲爾德爵士認為，現代人之所以不能擁有此刻美好的生活，是因為我們總是擔心時間不夠，就像我們總是覺得錢不夠一樣。學習享受已經擁有的時間、金錢與愛是我們最重要的一課。

要充分享受你的時間，就一定要學會放慢腳步。當你停止疲於奔命時，你會發現生命中未被發掘出來的美；當生活在欲求永無止境的狀態時，就會永遠無法體會到更高層的生活。

我們總是在趕時間，沒時間與朋友談話，結果就變得越來越孤獨；因為忙碌，沒有時間反省，也沒時間注意身邊的事物。因為忙得沒有時間注意所有徵兆，連疾病的早期徵兆都察覺不出；當你急著買東西時，就沒有時間傾聽那個小小的聲音：「我們真的需要這個新東西嗎？」

享受生活是幫助人們充實人生和幫助人生充滿活力的方法，但是大多數人的大多數時候都不知道自己在做什麼。適當的「白日夢」或許對人的心理健康有益，但過多沉溺於白日夢而忘記真實的生活卻有些不切實際。因此，必須擺脫對「下一刻」的迷思和幻想：它們有些不切實際，有些雖然是事實，卻剝奪了此刻的生活。

擺脫不切實際的幻想可以讓你明白，生活不會適應你，而是你必須去適應生活。而且不是看你喜歡它變成什麼樣，而是原本它是什麼模樣你都要適應。與現實保持接觸可以幫助你就世界所能給予的去接納它，不會使你為它所無法給予的而扭曲它、錯怪它。丟棄對這個塵世的幻想和對你自己的幻想可以去除生活的悲慘成分，使你能真實的面對你該處理的問題。

生活在此刻隨遇而安，就是享受你正在做的而不是即將做的事情，就像你在吃東西的時候最好專注於所吃的東西，體會它的色澤、香氣、味道和營養。

不要總是生活在幻想之中，讓自己疲憊於得不到的境界，人生需要知足，滿足於你所擁有的，才會快樂。

蹍市人之足，則辭以放驁，兄則以嫗，大親則已矣。故曰：至禮有不人，至義不物，至知不謀，至仁無親，至信辟金。

【語譯】

踩了路上的行人的腳，就要道歉說不小心，兄長踩了弟弟的腳，就要憐惜撫慰，父母踩了子女的腳，也就算了。

因此，最好的禮儀就是不分彼此，視人如己；最好的道義就是不分物我，各得其宜；最高的智慧就是無須謀慮；最大的仁愛就是對任何人也不表示親近；最大的誠信就是無須用貴重的東西作為憑證。

【原文釋評】

人生在世，快樂最重要。你爭我奪，到頭來只得滿頭白髮，不如隨緣者致性，緣聚緣散，到頭來皆是一場空，又何必強求凡塵俗世。

競爭激烈的現實使人聰明，工於心計。人們把心事都用於這種功利之爭上，忽略了生命中其他寶貴的東西。人們又往往不斷追求欲念而迷忘本性，這就是莊子所謂「觀於濁水而迷於清淵。」

只有欲念是無窮的，而滿足總是有限的，這樣必然會導致悲慘的後果。但是這個觀點，現代人是無法接受的，因為現代人往往沉湎物欲，一去而不知返。

淡泊知足並非是一種消極避世或與世無爭的思想，而是包含著謹慎處世的意義。《老子》中認為知足常樂表現為以下三點：一是仁慈，二是勤儉；三是不敢為天下先。「一曰慈，二曰儉，三曰不敢為天下先。慈故能勇，儉故能廣，不敢為天下先，故能成器長。」如果一個人能做到上述三點，就可以成為勇敢而富有和有地位的人。

「禍莫大於不知足，咎莫大於欲得。」天下最大的災禍是不知足；天下最大的過錯是貪得無厭。過於執著追求名利地位的人，損失也一定很大。過於積存物質財富的人，享受方面也遠不及別人。只有知足才能適可而止，才不會走向極端。這就是《老子》中所講的「甚愛必大費，多藏必厚亡。知足不辱，知止不殆，可以長久」。

【經典案例】

疏廣、疏受父子，在西漢昭帝時，先後受命為太子太傅、太子少傅。疏廣學識淵博，教導有方，疏受好禮恭謹，溫文爾雅，父子二人並為太子之師，天子尊敬，大臣欽美，榮冠朝野。任職五年以後，皇太子也長大了，疏廣對疏受說：「我聽說知足就不會受到侮辱，知止就不會有危險，功成身退，這是最符合事物發展的規律。你我父子，官至二千石，功成名就，如果此時不及時抽身退去，只怕將來會後悔的，我們現在一同離開長安，告老還鄉，終其天年，這不是最好的結局嗎？」

疏受叩頭說：「聽從父親的安排！」於是兩人稱病求去，漢宣帝答允了，臨走時送他二十斤黃金，皇太子送五十斤。當他們離別長安時，滿朝公卿餞行於都門之外，車連數百輛，路旁圍觀的人讚嘆地說：「賢哉，二大夫！」

回到故鄉以後，他們以朝廷所賜黃金，每日擺酒設宴，廣請鄉里父老，並經常問還剩多少黃金，督促趕快花掉。有人勸他們道：「何不買點田產房屋傳給子孫？」

疏廣說：「我豈是老糊塗了，不顧及子孫！我想過，我們家還有薄田和茅屋，只要子孫們辛勤勞作，完全可以滿足衣食之求，不會比一般人差。如今，如果再多給他們添置財產，實是會使他們變壞。本來是很賢明的，財產多了，就會胸無大志；本來愚昧的，財產多了更會去做壞事，而且富有的人容易遭人嫉妒。我縱使不能使子孫變得知書達理，也不願意他們去做壞事而結怨鄉親。這些黃金本來是皇帝賞給老臣養老的，拿出來和大家共同享樂，安度晚年，不是很好嗎？」

人在面對更大的誘惑時，應該懂得如何去取捨，太多的貪婪會給自己招來禍端，當你發現你所做的足以換來今後的快樂，何不放鬆一下，去品味另一種人生滋味。

知天之所為，知人之所為者，至矣

【語譯】

知道哪些是自然的本領，哪些是人的本領，這樣就到達了認識事物的極點。

【原文釋評】

莊子認為，認識事物有一個過程，應分清自然與人的各自本領。面對工作，我們也有一個適應過程，你才會真正明白工作的含義。

人要生存，必然擁有自己的工作，才能解決自己的食衣住行，每個人都有第一份工作，怎樣適應這樣的環境？其中除了生理適應和知識技能適應以外，更重要的是心理適應。也就是說，來到一個新的環境，職場的各種資訊會引起許多心理反應，例如：感知、情緒、性格等方面的變化，如何對待這些變化，就是一個適應問題。

人們適應職業環境的過程，也就是其勞動態度不斷變化的過程。勞動態度是當人進入職場以後，面臨執行具體勞動任務時的心理傾向。一般說來，年輕人思維靈活、性格開朗、興趣廣泛，對工作和適應能力比較強。但是年輕人在適應職業生活的過程中，也經常遇到困難，感覺到不適應的情形，例如：覺得工作太緊張、人際關係太複雜、自己知識技能差、一時不能勝任工作。因此，有些年輕人容易產生情緒波動，想調換工作，想更換環境，進而影響正常的生活與學習和工作，影響身心健康。如何適應職業環境？可以從三方面考慮。

做好充分的準備

任何一個初涉社會的年輕人，對工作的適應都有一個過程。透過對青年就業後勞動態度變化的研究顯示，勞動態度的主觀指標為員工對工作的專業的滿意程度。青年參加工作或從事新的工作後，其勞動態度一般會經歷以下四個階段：

新異階段。對於新的生活內容、工作環境、操作活動、人際關係大多會有一種新鮮感，往往有新的打算和長遠的規劃。此時，他們嚴格遵守紀律，認真完成各項工作，有較高的積極性。

動盪階段。由於緊張的職業生活與就業前的鬆弛狀態相比，感到疲勞和枯燥，傳統的就業觀念與新型的就業意識相互作用，以前的職業理想與實際從事職業的相悖，單純的工作幻想與複雜的現實職業生活相衝突，於是產生機械感和單調感，對工作感到不適應，積極性也降低。

適應階段。經過一段時間的職業生活後，人際關係，社會各方面資訊，業務的掌握，人們就會感到一種習慣和適應，認清自己職業的價值和地位，感到更多的安慰和滿意。

穩定階段。對業務的熟練掌握，職業生活習慣的養成，把年輕人推上一些重要職位，開始成為骨幹力量。主管的重視、同行的承認、實現社會期望的決心，以及對工作的興趣和責任心，使人們形成穩定的勞動態度。

因此，做一份職業需要一個過程，你不必擔心太多，只要有足夠的心理準備就可以。

學會自我調節

人的工作環境不是靜止的，隨著工作人員和任務等的更迭變化，工作環境常處於變動之中，要適應變化的工作環境，就必須經常自我調節。不斷根據變化的環境來分析自己的個性，學習新知識，掌握新本領，來調節與新環境相適應的事物。調節法的根本意義在於使人有效的控制情緒，鍛鍊堅強的意志，創造克服困難的條件。

正確使用對比法

人在工作中遇到煩惱，就容易產生懷舊情緒，留戀學校生活，這是不現實的。正確的對比，應把學校生活的特點與社會職業的功能相比較。人需要成長，不可能永遠待在學校，知識需要利用才有其價值。同時，可以感受來自不同職業的資訊，看看自己的職業與其他職業有什麼聯繫，在社會不同職業中居什麼地位，產生什麼作用。經過對比，逐漸認識自己工作的特殊性質和意義，增強熱愛本職工作的積極情感。對比法的根本意義，在於使人清楚的瞭解自己從事的職業的社會價值，增強職業榮譽感，在自己的職業中成才、成長。當你適應新的環境，並在工作環境中找到自己所需的東西，你的信心也就隨著增長，隨著閱歷的加深，你會覺得工作中的快樂很重要，保持良好的心態，讓自己活得快樂。

人之有所不得與，皆物之情也

【語譯】

許多事情是人不能干預的，這都是事物自身變化的實情。

【原文釋評】

莊子認為，事物有自身的發展規律，非人所能為，因此在不可變更的事實面前，人應該學會適應。事實是客觀的，不是主觀臆斷的，人們在事實面前往往變得非常渺小。克萊斯勒公司的總經理凱勒先生說：「要是我碰到很棘手的情況，只要想得出辦法解決的，我就會做。要是做不成的，我乾脆把它忘記。」

面對不願意發生的事情和不可避免的事情，用積極主動的心態去面對它，也可以讓自己的生活快樂。

【經典案例】

一個小男孩在一間廢棄的老木屋裡的閣樓上玩耍，當他從閣樓爬下來的時候，先在窗台上站了一會兒，然後往下跳。他左手的食指上戴著一個戒指。當這個小男孩跳下的時候，那個戒指勾住了一根釘子，把整根手指扯斷了。

小男孩尖聲叫著，嚇壞了，以為自己死定了，可是當他的手好了之後，就再也沒有為此事煩惱，煩惱又有什麼用？還不如去接受這個不可避免的事實。

在成長的歲月中，一定會碰到一些令人不愉快的人和事。但是我們也可以有所選擇，可以把它們當作一種不可避免的情況加以接受，並且適應它，否則憂慮會毀了我們的生活，甚至最後可能會弄得精神崩潰。

叔本華曾經說：**「能夠順從，就是你在踏上人生旅途中最主要的一件事。」**

很顯然，環境本身不能給我們帶來快樂或不快樂，只有我們對周圍環境的反應才能決定我們的感覺。必要時我們都能忍受災難的悲劇，甚至戰勝它們。我們也許會以為我們辦不到，但是我們內在的力量卻堅強的驚人，只要我們肯加以利用，就可以幫助我們克服一切。

接受事實，不代表被事實壓垮，如果事情是不可避免的，也不可能再有任何轉機，為了保持我們的理智，我們不要「左顧右盼，無事而憂」。

沒有人能有足夠的情感和精力，既抗拒不可避免的事實，又創造一個新的生活，你只能在這兩個中間選擇一個。

事實終歸是事實，不可強行逆之，學會接受事實，你就會在現實中尋得一份快樂。

注焉而不滿，酌焉而不竭

【語譯】

（天然的府庫）無論注入多少東西，它都不會滿溢，無論取出多少東西，它也不會枯竭。

【原文釋評】

莊子認為，天然的府庫取之不盡、用之不竭，如果人的貪欲陷入其中，不能自拔，就只有等待淪陷。知足常樂，可以說為每個人所熟知，但是在現實中又有幾人能做到這一點？許多人聰明，卻不知足，貪心過重，為外物所役使，終日奔波於名利之中，抑鬱沉悶，難以享受人生之樂。

知足者才能常樂，「人心不足蛇吞象」，人的欲望是無止境的，如果任其膨脹，必將後患無窮。人有了貪欲，就永遠不會滿足，不滿足，就會感到欠缺，無法快樂。貝蒂・戴維斯在她的回憶錄《孤獨的生活》中曾經寫道：「任何目標的達到，都不會帶來滿足，成功必會引出新的目標。正如吃下去的蘋果都帶有種子一樣，這些都是永無止境的。」除非你真正懂得常樂的秘訣，否則將永遠不會滿足於自己所擁有的。

有一個人偶然在地上撿到一張千元大鈔，他得到這筆意外之財以後，總是低著頭走路，希望還能有這樣的運氣。

久而久之，低頭走路成為他的一種生活習慣。若干年後，據他自己統計，總共撿到鈕釦近四萬顆，錢則僅有幾百塊，可是他卻成為一個嚴重駝背的人，而且在過去的幾年中，他沒有好好的去欣賞落日的綺麗、幼童的歡顏、大地的鳥語花香。

貪心的可怕之處，不僅在於摧毀有形的東西，而且能攪亂你的內心世界。你的自尊，你所遵守的原則，都可能在貪心面前崩塌。

人的不知足，往往由比較而來。同樣的，人要知足，也可以由比較得到。人的欲望是沒有止境的，如果任由其膨脹，則會因此生出許多煩惱。如果能多看看不如自己的人，和他們比較，而不是和比自己強的人比較，一切不平之心也許就會安寧，我們不妨抱持一種「比下有餘」的人生態度。

【經典案例】

有一個年輕人經常為自己的貧窮而牢騷滿腹。

「你擁有如此豐富的財富，為什麼還發牢騷？」一位智者問他。

「它到底在哪裡？」年輕人急切的問。

「你的一雙眼睛，只要能給我你的一雙眼睛，我就可以把你想得到的東西都給你。」

「不，我不能失去眼睛！」年輕人回答。

「好，讓我要你的一雙手吧！對此，我用一袋黃金作為補償。」智者又說。

「不，我也不能失去雙手。」年輕人焦急的說。

「既然有一雙眼睛，你就可以學習；既然有一雙手，你就可以勞動。現在，你自己看到了吧，你有多麼豐富的財富啊！」智者笑著說。

如果你想獲得什麼，不妨看看自己擁有什麼，生活中，如果能降低一些標準，退一步想一想，就可以知足常樂。人應該體會到自己本來就是無所欠缺的，這就是最大的富有。

真正的滿足是內心的滿足，而非物質的滿足，物質是永遠無法讓人滿足的。真正快樂的人知道什麼是滿足，因為只有在滿足中才能體會什麼是快樂。

以有涯隨無涯，殆已

【語譯】

以有限的生命去追求無限的知識，就會弄得很疲困。

【原文釋評】

莊子認為，人的能力是有限的，不要總是追求自己難以達到的目標，人應該知足常樂。

【經典案例】

一位大學校長在新生接待會上問了一個這樣的問題：「同學們，你們快樂嗎？」「快樂！」台下的同學立即歡呼起來。「好，好，我的話到此結束。」大家驚愕了半天，然後才恍然大悟，頓時掌聲大作。

這位風趣的校長其實很瞭解學生心理，也很瞭解人的心理。他認為人的根本目的是追求快樂，如果大家都很快樂，自己就不必再掃別人的興，他的做法很高明。

追求快樂是人性之一，哪個人不願意自己快樂？有人說人生來都是痛苦的，哪有快樂可言？正因為人生多痛苦，所以追求快樂才是應該努力的一個方面！人生活的根本目的是什麼？可以歸根到底是為了「快樂」二字。成功的事業、富足的家產、自我實現……都是為了最終的快樂。

快樂的反面是痛苦。痛苦何來？人生來就是要追求快樂的，生來就具有各種欲望。這些需要和欲望應該是得到滿足的，如果得不到滿足，理想和現實之間出現差距時，人的需要就產生匱乏，也產生痛苦。痛苦無時不在，無處不有，人越是痛苦，才越覺得快樂的可貴，才會拼命的去追求快樂。當你得到新的快樂，新的痛苦又產生了，這樣痛苦是沒有止境的，因為人的欲望更是無止境的。那麼，是不是就應該不去追求快樂？不，快樂是能追求到的，儘管人的欲望無窮，只要能知足，就可以常樂。

知足的人能認識到無止境的欲望和痛苦，於是乾脆壓抑一些無法實現的欲望，這樣雖然看起來比較殘忍，但它卻減少更多的痛苦。在能實現的欲望之內，他拼命為之奮鬥，如果得到自己的所求，快樂就油然而生，每向前一個階段，快樂的程度也會上升一級。只有經常知足，在自我能達到的範圍之內要求自己，而不是刻意勉強自己、強迫自己，而是自覺的知足，心平氣和的享受獨得之樂。

人性中有很多失敗的例子是由不知足所造成。由於人太貪婪了，欲望太強了，而其自身的能力又有限，這樣必然會導致自己應該有的下場。清朝乾隆年間和珅的下場不是給我們深刻的啟示嗎？為了積聚財富，和珅像發了瘋，什麼手段都敢用，窮奢極欲達到極限，結果還不是被下令自殺！

這裡不是反對努力奮鬥，只是說相對於無止境的成就來說，一個人達到個人所能及的成就也就可以了。由於每個人是有區別的，所以達到何種成就又是不同的，所有成就還要靠你去努力奮鬥，但千萬不要永無止境。

真正的滿足是內心的滿足，而非物質的滿足，物質是永遠無法讓人滿足的。真正快樂的人知道什麼是滿足，因為只有在滿足中才能體會什麼是快樂。

第七章：適時無為，則無不為

退一步是為了更好的進，適時無為是為了更好的有為，聰明的人善於將「有為」與「無為」合用，是為了收穫最好的「達」。

故君子不得已而臨蒞天下，莫若無為。無為也，而後安其性命之情。

【語譯】

所以，君子不得已而居於統治天下的地位，就不如一切順其自然。順其自然，才能使天下人保有人類自然的本性與真情。

【原文釋評】

無為，然後能無不為；無為，然後能有作為。

有為與無為，兩個看似相反的作為，其實是相互貫通。順應客觀，無為而治，並非完全聽天由命，任人擺布，而是在順應客觀的同時，主動的、策略的、樂觀的、自覺的去駕馭現實環境中所遇到的衝突，並制定合理的方針和策略。所謂「無為而治」，其實是指大有為而無為，貌似無為，實則有為，眼下無為，長遠有為的一種為政策略。

莊子繼承《老子》的精髓，一言以蔽之，即「無為」。「以無事取天下，吾何以知其然哉？以此：天下多忌諱，而民彌貧；民多利器，國家滋昏；人多伎巧，奇物滋起；法令滋彰，盜賊多有。」其意為，禁令越多，人民越貧；技術越進步，社會越混亂；智慧越增加，人民越不幸；法令越完備，犯罪者越滋生。為此，他奉勸領導者們要「無為而民自化，好靜而民自正」。

這種「無為」包括三個方面，一是作為領導者應該盡量少施行命令或指示，二是不要實行使下屬負擔過重的政策，三是對下屬的各種活動盡量避免介入或干涉。但這不是說領導者對一切都不管，而是要領導者隨時留心下屬的動向。口出怨言或是發牢騷和自嘆倒楣的領導者不稱職，因為無論工作多麼辛苦，都是自己應該負的責任，所以表面上不應該表現出痛苦的模樣，而是要以悠閒自在的精神狀態面對下屬。就像鴨子若無其事而輕鬆自由的划進水面一樣的自然。

「有為」是手段，「無為」也是手段，「治」才是目的。表面看來，「有為」和「無為」似乎是不相容的，但是作為工作方法來看，它們能夠殊途同歸，共同達到「治」的目的。

隨著社會生產的高度發展，生產規模的擴大和部門層次的增多，一個高層的領導者即使精明強幹、能力超群，也是無法事必躬親，樣樣「有為」的。他必須忽略可以忽略的東西，做到大事「有為」，小事「無為」。

如何做好「有為」與「無為」？

首先，高層領導者只需在事情的開始階段表現出「有為」。實驗證明，很多事情不必高層領導者親自體驗過程，只需要在剛開始的時候表示態度就可以。這種表態可以稱為「決策」，算是「有為」的舉動。

其次，高層領導者只需在事情的中間環節上表現出「有為」。此時的「有為」，是為了引導、完善群眾運動，促使成功的到來。當成功形成之後，他應該奔向新的目標，在新的領域開始自己的「有為」。

再次，高層領導者的「有為」只需要在一件事的開始和完結有所表現就夠了，以便把群眾的思路引向一個領域和轉向新的領域，同時也顯示領導者對有關事情的態度和此事在全局中的地位。

此外，對於有些事情，高層領導者只需扮演「旁觀者」的角色，自始至終都在表現自己的「無為」，但這種「無為」的目的在於給下屬提供「有為」的機會。

值得說明的是，高層領導者的「有為」，不應該是直接指向目的的活動，而應該是直接指向被領導者的活動。對一個高層領導者的基本的要求，應該是他能夠組織別人「為」什麼，而不是單純他個人能夠「為」什麼。一個高級將領，如果放棄組織戰役、調兵遣將的戰略任務，而去直接參與肉搏戰，他就不是一位優秀的指揮員。原因是，他的「有為」和「無為」正好顛倒。

什麼「有為」，什麼「無為」，何時「有為」，何時「無為」，對於一位成功的高層領導者來說，至關重要。

第一，不應該「有為」時有所作為，不僅會限制下屬的主動性和積極性，而且還會妨礙和干擾下屬的工作。長期下去，會使下屬不能獨立處理自己分內的事，養成依賴心理。

第二，不應該「有為」時有所作為，必然會破壞整個領導機構的系統功能，影響各級領導者在管理中的固定位置，導致工作秩序紊亂。一個領導者，如果越俎代庖，做了下屬的事，難免顧此失彼，勢必疏於職守，「金字塔式」的領導系統的發散性和收斂性功能必然不能兼備運行。

第三，不應該「有為」時有所作為，很容易將不成熟的意見強加於人，進而造成失誤，降低組織的威信。在社會中，一些高層領導者用自己不成熟的意見支配組織，給事業造成損失的例子，是屢見不鮮的。人們在總結經驗教訓時，往往習慣用組織的失誤或不成熟來為領導者開脫「罪責」，這樣的評判未必正確，因為組織的思想和行為是受人支配的。因此，組織的人尤其是高層領導者成熟與否直接表現為組織的成熟與否。從這個意義上講，只有不成熟的個人，沒有不成熟的組織。

第四，不應該「有為」時有所作為，即使高層領導者的用心是良苦的，也必然如前所述，因小失大，禍害無窮。一個高層領導者只有真正站在他的位置上考慮全局，掌握方向，而在具體事務上則較為超脫，他才算是高明的高層領導者。有所不為，才能有所為。

【經典案例】

北歐航空公司董事長卡爾松大刀闊斧的改革北歐航空系統的陳規陋習。剛開始的時候，他的目標是要把北歐航空公司變成歐洲最準時的航空公司，但是他想不出應該怎麼下手。

卡爾松到處尋找來負責處理此事的人，最終找到適合的人選，於是卡爾松去拜訪他：「我們怎樣才能成為歐洲最準時的航空公司？你能不能替我找到答案？過幾個星期來見我，看看我們能不能達到這個目標。」

幾個星期後，他來見卡爾松。卡爾松問他：「怎麼樣？可不可以做到？」

他回答：「可以，但是大概要花六個月時間，還可能花掉你一百五十萬美元。」

卡爾松插嘴說：「太好了，說下去。」因為他本來估計要花五倍多的代價。

那個人嚇了一跳，繼續說：「等一下，我帶了人來，準備向你報告，我們可以告訴你到底我們想怎麼做。」

卡爾松說：「沒關係，不必報告了，你們放手去做好了。」

大約四個半月後，那個人請卡爾松去，並給他看幾個月來的成績報告，此時北歐公司已經成為歐洲第一。但這還不是他請卡爾松來的唯一原因，更重要的是他還省下一百五十萬美元經費中的五十萬美元，總共只花了一百萬美元。

卡爾松事後說：「如果我只是對他說：『好，現在交給你一件任務，我要你使我們公司成為歐洲最準時的航空公司，現在我給你兩百萬美元，你要這麼這麼做。』結果是怎樣，你們一定也可以預想到。他一定會在六個月以後回來對我說，『我們已經照你所說的做了，而且也有一定進展，但是離目標還有一段距離，也許還需要花九十天才能做好，而且還要一百萬美元。』可是這一次，這種敷衍怠惰的事情卻不曾發生。他要這個數目，我就照他要的給，他順利的就把工作做好了。」

可見，正是卡爾松的「無為」變成「有為」。

「無為而治」和「有為而治」兼而有之的領導方法對人們來說並非生疏，它在實踐中已經被廣泛的應用，只是有些被自覺應用，有些被不自覺應用，有些被正確應用，有些被不正確應用。

高層領導者的「有為」如果能夠沁出牡丹的芳香，高層領導者的「無為」則是為了讓下屬「有為」，以顯示綠葉的清馨。兩者兼而有之，才可以收到牡丹綠葉之效。

「有為」與「無為」兼而用之，才是最好的「達」。

無為為之之謂天

【語譯】

用無為的態度去做就叫做自然。

【原文釋評】

莊子認為，做事應該用自然的態度，一切不必強求，無為的自然往往會開花結果。

一個人越是有私心，越難以做自己；越想有所為，越難以有所為。如果你與全國人去爭國家，與全天下人去爭天下，與全事業領域中的人去爭成敗，結果必然是一無所獲。

你如果不與他人去爭，恬淡無為，或許會有所得，不爭之爭反而天下莫能與之爭。所以莊子說：「深知什麼是雄強，卻安守雌柔的本分，甘願做天下的溪澗。甘願做天下的溪澗，永恆的德性就不會離失，回復到嬰兒一樣單純的狀態。深知什麼是明亮，卻安守昏暗的本分，甘願做天下的模式。甘願做天下的模式，永恆的德行就沒有過失，恢復到不可窮極的真理。深知什麼是榮耀，卻安守卑下的本分，甘願當天下的川谷。甘願當天下的川谷，永恆的德性才能得到充足，回復到自然開始的樸素、純真的狀態之中。」

委曲就會保全，屈枉就會直伸；低窪就會充盈，陳舊就會更新；少取就會獲得，貪多就會迷茫。做事的時候，沒有必要刻意去尋找結果，用隨性的方法有時候會是最好的方法。

【經典案例】

春秋時期，齊國宰相管仲把國家治理得有條不紊，征服了許多割據一方的諸侯小國。最後，只剩下楚國沒有征服。

當時，齊國有好幾位大將軍紛紛向齊桓公請戰，要求率兵去攻打楚國，管仲卻連連搖頭。他對大將軍們說：「齊、楚交戰，旗鼓相當，勝負難料。齊國就糧草而言，得把辛辛苦苦積蓄下的糧草全部用光；更有齊、楚兩國萬人的生靈將成屍骨！」

大將軍們聽後不敢再出聲，都用詢問的眼光注視著智慧超人、功勞卓著的管仲。管仲卻不慌不忙，帶領大將軍們看齊人煉銅鑄錢。

有一天，管仲派一百多名商人到楚國去購鹿。當時，鹿是較稀少的動物，僅楚國才有。但是人們只把鹿作為一般的可食動物，兩枚銅幣就買一頭。管仲派的商人在楚國到處揚言：「齊桓公好鹿，不惜重金。」

齊國商人開始購鹿，三枚銅幣一頭，過了十天，加價為五枚銅幣一頭。

楚國成王和大臣聞此事後，頗為興奮。他們認為繁榮昌盛的齊國即將遭殃，因為十年前衛國的衛懿公好鶴而把國亡了，齊桓公好鹿正蹈其覆轍，於是他們就放鬆警惕，在殿裡大吃大喝，等待齊國大傷元氣，他們就可以坐得天下。

這個時候，管仲卻把鹿價又提高到十枚銅幣一頭。

楚人見一頭鹿的價錢如此之高，紛紛做獵具奔往深山去捕鹿，不再種田；連楚國官兵也陸續將兵器換成獵具，偷偷上山。

又一年，楚國遭到大荒，銅幣卻堆成山。

楚人欲用銅幣去買糧食，卻無處可買。管仲已發號施令，禁止各諸侯國與楚國商人通糧。

如此下去，楚軍人黃馬瘦，戰鬥力大大削弱。管仲見時機已到，就集合八路諸侯之軍，浩浩蕩蕩，開往楚境，大有席捲殘雲之勢。楚成王內外交困，無奈之下，忙派大臣求和，同意不再割據一方，欺凌小國，保證接受齊國的號令。

管仲不動一刀，不殺一人，就制服強大的楚國，為東周列國贏得一個安定的時期。後來，有人把管仲這次用的計策稱為「買鹿之謀」。

古人說：「天地以順為動，所以日月就以四季更替而不差失；聖人以順為動，所以刑罰清明而人民歸服。陰陽以順則豫，天地以順動而有規有序，聖賢以順動就會正直，國家以順動就會富強，戰爭以順動就會取得勝利，全人類與天下所有萬事萬物以順動就會宜而可止，達到至善。宜就適當，適當就真實無妄，真實無妄就不停息，不停息就久遠，久遠就寬厚，寬厚就高明。這樣不見自彰，不動自變，不戰自勝，不爭自有，無為自成，無私自大，就是順應的功效。」

對於領導者來說，成功的秘訣在於順應，一切隨性、隨緣、隨自然，才可以不爭天下卻得天下。

若能入游其樊而無感其名，入則鳴，不入則止。無門無毒，一宅而寓於不得已，則幾矣。

【語譯】

如果能夠進入到追名逐利的環境中遨遊而不為名利地位所動，君主能採納你的意見就說，不能採納你的意見就不說。不去尋找仕途的門徑，也不向世人提示索求的目標，心思凝聚全無雜念，把自己寄託於無奈何的境域，差不多合於「心齋」的要求。

【原文釋評】

事情很多，看你怎麼去做，怎麼去處理，聰明人懂得「入則鳴，不入則止」。隨著經濟的迅速發展，越來越多的人成為職場中人，隨之而來的是越來越多的職場問題。作為一個為生存和事業而努力的職場中人，不可能「入則將相，出則隱逸」，如果主管給你難堪，你應該學會游刃於職場而有餘。

如果你遇到壞脾氣的主管並被無端指責，你可以與主管進行一次真誠而深入的溝通，讓主管瞭解你的工作態度，同時你也要瞭解主管的具體要求，以便在今後的工作中減少這種衝突。如果你的主管不是有意指責你，相信經由你的努力會與主管達成諒解。也有些主管會故意為難你，在這種情況下，如果你覺得自己與主管確實無法相處，你可以另尋他主。

有些主管不願意用表揚激勵下屬，而是喜歡挑剔和指責。這樣的人有兩種：一種是水準較高，認為你應該把一切都做得很好，做得漂亮是應該的，做得不好就是無能。因為他總是用自己的能力和水準，要求水準能力不同的下屬，所以總是不滿意；再一種就是嫉妒心較強者，從不承認別人的優點，沒有尊重他人勞動成果的習慣，更不懂表揚的藝術。不會設身處地考慮下屬的難處，也不肯親自去體會，只是坐在位置上發表議論，以為不挑出毛病，就不足以顯示自己的水準高，不足以證明自己的價值。

如果你是一位剛工作不久的新員工，以下幾種方式或許對你有所幫助：

瞭解你的主管與你自己。首先瞭解你的主管是何種類型的領導，然後看看你自己，是不是你主管滿意的那種員工。如果不是，有沒有改進的必要。迅速瞭解主管的工作思路和好惡情況，按照主管的要求進行工作，以免吃力不討好。

與主管保持協調一致。如果你是部門主管人員，你的工作方式以及你的為人方式與主管保持協調一致是十分重要的。舉例來說，如果你的主管較容易發脾氣，你協調的方式最好是保持沉默。

承認錯誤並且做出承諾。面對主管對你發脾氣，如果這個脾氣發得對，你就必須承認錯誤並且做出承諾如何去改正，而不是對錯誤進行辯護。如果他的脾氣發得不當，你可以給他指出並且向他把事情解釋清楚，告知他不應該對你發脾氣，而且你與他達成諒解後，還可以為他提供一些解決問題的建議。

明確主管的工作要求。這包括主管對你的工作目標和工作方式的要求。在這個方面，部門主管應該盡力達到主管的要求，如果達不到，就要及早向主管反映。

減少與主管的衝突，還必須注意不要將情緒帶到工作中，即使你受到極大的委屈，也不能把這些情緒帶到工作中，很多人會以為自己是對的，等著主管給自己一個「解釋」，於是正常的工作也中斷了。由於很多工作是靠著眾人之間一起合作才能完成，你如果停頓，就會影響工作的進度，使其他同事對你產生不滿，更高層的主管也會對你形成壞印象，而主管更有理由說你的不對。這個時候，我們必須告誡自己，克服自己的情緒化，無論是哪種情況都不要影響自己的工作。有些人以不做工作來脅迫主管，這是極不理智的行為，只會使自己今後的處境更不妙。

如果你與主管有衝突，不可用敵對或是藐視的眼光看待對方，否則只會使自己今後的處境更尷尬，不妨在一些輕鬆的場合，例如：餐會和聯誼活動，向主管問個好、敬杯酒，這些做起來很自然得體，既沒有討好之嫌，又能表示你對他的尊重，主管自會記在心裡，排除或是淡化對你的敵意。

找一個適合的機會溝通。當你控制住自己的情緒後，下一步就是要消除你與主管的隔閡，因為你還要與主管相處，受其領導，如果相互之間心存敵意，總會給你的工作以致你今後的發展帶來負面的影響。如果是你錯了，你就要有認錯的勇氣，找出造成自己與主管衝突的癥結，向主管解釋，並對其做適合的恭維，表示自己在以後的工作中會以此為鑑，並希望繼續得到主管的關心。

如果是主管的原因，可以找一個適當的時間和場合，在較為輕鬆的時候，以婉轉的方式，把自己的想法與他溝通，與主管達到和解，這樣有益於恢復你與主管之間的良好關係。

只要你是上班族，就會處於人際職場裡，難免有時候會「得罪」主管，這可能是你自己造成的，也可能是對方引起的，但不管誰是誰非，無論從哪個角度來說都不是一件好事，只要你還不想辭職，就不可陷入僵局，否則在這樣的環境裡工作不僅不愉快，而且還可能會影響你的前程。所以不可一時衝動，而是要理智的處理，為自己留有迴旋的餘地，做一個職場聰明人。

將為胠篋、探囊、發匱之盜而為守備，則必攝緘縢，固扃鐍，此世俗之所謂知也。

【語譯】

為了警惕撬箱子、掏口袋、開櫃子的小賊所做的防守戒備，就應該捆緊繩索，關緊鎖鈕，這是世俗上所說的聰明。

【原文釋評】

莊子認為，所有為了防備盜賊所做的努力，其實是使盜賊更好的竊取，即聰明反被聰明誤，所以無論做什麼事，都應該正視自己的不足。

敢於承認自己的不足，這是一種期待成長的勇氣，每個人都有優點缺點，真正看清這一點，不僅需要你有一雙明亮的眼睛，也需要你有一顆澄明的心。

生活中，你會經常覺得自己在很多地方不如別人，例如：在家務上，不如勤勞能幹的主婦；在工作上，不如善於察言觀色的同事；在處理人際關係上，甚至不如未成年的少年；在新知識的運用與掌握上，不及年輕人的迅速靈敏；碰到複雜事物，又缺乏長輩的精明練達和長袖善舞；最糟糕的是遇到緊急情況缺乏應變能力，反應遲鈍。

一個人不可能處處勝於人。有得必有失，樣樣齊全了，你也許會遭到意料不到的天災人禍。就像小病小災糾纏一生的人，往往安享天年，而無病無痛和身體健康的人經常遽禍忽至，防不勝防。命運往往是無常的，做什麼都要留有餘地。

其實，從另一種角度來說，敢於正視自己的不足，也是某種程度上的自信。只有敢於正視自己，才能勝於人。天外有天，一個人怎能處處勝過所有人？每個人都有自己的優點與優勢，也都有自己的缺點與短處，揚長避短才是機智。

人雖然有各種潛能與特質，但你不可能在所有地方都有機會發揮，你只能在一個地方用足你的力氣，在你沒有用力氣的地方，在你無暇顧及的地方，你必然不如那些在這地方用足力氣的人。你的精力有限，機會也有限，你能如人的地方肯定很少，而不如人的地方絕對很多。人往往難得糊塗，也難得明白，只有真正的明白，才能使你的人生更上一層樓。

故田成子有乎盜賊之名，而身處堯舜之安

【語譯】

所以田成子雖然有盜賊的名聲，但是自己仍然處在堯舜一樣安穩的地位。

【原文釋評】

莊子認為，田成子雖然有不好的名聲，但是卻有穩固的地位，用自己的小我成就自身的大我，實乃明智之舉。成功有時候需要的是結果，而不是過程。這就像人跳高跳遠，退幾步助跑一段，才能跳得又高又遠。成功者不會在意小得小失，他們追求的往往是最後的結果，只有成功才是他們最終的真實目標。

【經典案例】

西元六一六年，李淵被詔封為太原留守，北邊的突厥用數萬兵馬多次衝擊太原城池。李淵遣部將王康達率千餘人出戰，幾乎全軍覆滅。後來巧使疑兵之計，才勉強嚇跑突厥兵。超乎意料的是在突厥的支持和庇護下，郭子和等紛紛起兵鬧事，李淵防不勝防，隨時都有被隋煬帝藉口失職而殺頭的危險。

許多人認為李淵當時內外交困，必然會奮起反擊，與突厥決一死戰。不料，李淵竟然派遣謀士劉文靜

為特使，向突厥屈節稱臣，並且願意把金銀珠寶全部送給始畢可汗！

李淵為什麼這麼做？原來，李淵根據天下大勢，已經決定起兵反隋。太原雖然是一個軍事重鎮，但是不理想，必須西入關中，才可以號令天下。西入關中，太原又是李唐大軍萬萬不可丟失的根據地。用什麼辦法才能保住太原，順利西進，才是關鍵。

當時，李淵手下兵將只有三萬人馬，即使全部屯駐太原，也要一邊應付突厥的隨時出沒，同時又要追剿有突厥撐腰的四周盜寇，已經是捉襟見肘，現在要前進關中，顯然不能留下重兵把守。唯一的辦法是採取和親政策，讓突厥「坐受寶貨」，因此李淵不惜俯首稱臣。

李淵的捨小我成就大我的計畫獲得很好的效果，始畢可汗果然與李淵修好。後來，李淵派李世民出馬，不費多大力氣就收復太原。

由於李淵甘於讓步，還得到突厥許多資助。始畢可汗一路上送給李淵不少馬匹及士兵，李淵又乘機購來許多馬匹，不僅為李淵擁有一支戰鬥力極強的騎兵奠定基礎，而且因為漢人素懼突厥兵英勇善戰，李淵軍中有突厥騎兵，自然憑空增加了聲勢。

李淵的這種捨小我成就大我的做法，雖然從名譽和物質方面處於暫時的不利，但是在當時的情況下，不失為一種明智的策略，它使弱小的李家軍既平安的保住後方根據地，又順利的西行進入關中。如果再把眼光放遠一點，突厥在後來又不得不向唐求和稱臣，這種犧牲可謂九牛一毛。

生活中也是如此，無論是工作還是日常生活，暫時放下個人恩怨，以愉快的心情去面對煩惱的事物，日子會輕鬆許多，或許你的曾經放棄會給你留下超乎想像的結果。

掊斗折衡，而民不爭

【語譯】

剖開量物的斗，折斷稱物的衡，百姓就會樸實單純。

【原文釋評】

莊子認為，只有將外在的制約去除，人們才能恢復原來的本質。人往往習慣擁有，愛好擁有，覺得擁有是最踏實與安全。人們不想放棄，覺得放棄就會有損失，迷失自己，其實不然。放棄，不意味著消失與失敗。

想要獲得，首先就要懂得放棄。漢代司馬相如所著《諫獵書》有云：「明者遠見於未萌，智者避危於未形。」放棄是一種智慧，也是一種理性的抉擇。

【經典案例】

島村芳雄出生在日本一個貧困的鄉村，年輕時離鄉背井到東京謀生，在一家材料店當店員，每月薪水只有一・八萬日圓，還要養活母親和三個弟妹，因此生活非常拮据。

島村芳雄想自立門戶創業，但是資金問題一直困擾他。於是，他選定一家銀行作為目標，一次又一次的提出貸款申請，希望銀行大發善心。前後經過三個月，到了第六十九次時，對方終於被他百折不撓的精神所感動，答應貸給他一百萬日圓。當親朋好友知道他獲得銀行貸款時，也紛紛幫忙，島村芳雄又借到一百萬日圓，於是辭去店員的工作，成立丸芳商會，開始販賣繩索的業務。

為了打開市場，島村芳雄想出「先予後取」的方法：

首先，他往麻產地岡山以〇・五日圓的價錢大量買進四十五公分長的麻繩，然後按原價賣給東京一帶的紙袋廠。這樣做不僅無利，反而損失一些運費和業務費。

生意雖然虧本，但「島村芳雄的繩索確實便宜」的名聲遠播，訂貨單從各地像雪片一樣飛來。

於是，島村芳雄按照計畫採取積極的行動。他拿進貨單據到訂貨客戶處訴苦：「到現在為止，我可是沒賺你一毛錢。如果讓我繼續為你們這麼服務，我只有破產一條路可走了。」客戶為他的誠實做法深受感動，心甘情願的把每條麻繩的訂貨價格提高為〇・五五日圓。

然後，他又到岡山找麻繩廠商商量：「您賣給我一條繩索〇・五日圓，我一直照原價賣給別人，因此才得到現在這麼多的訂單，如果這種無利而賠本的生意繼續做下去，我只有關門倒閉了。」

岡山的廠商一看他開給客戶的收據存根，也都大吃一驚，這樣甘願不賺錢做生意的人，他們生平頭一次遇見，於是不假思索，答應將單價降到每條〇・四五日圓。

這樣一來，一條繩索可賺〇・一日圓，按照當時他每天的交貨量一千萬條計算，一天的利潤就有一百萬日圓。

可見，在擁有中學會放棄，有時候可以帶來更大的收穫。所以，不要在關鍵時刻畏首畏尾，由於捨不得放棄而最終失敗。

拿破崙在滑鐵盧戰役中，大雨造成的泥濘道路使炮兵移動不便。拿破崙不甘心放棄炮兵，而如果推遲時間，對方增援部隊有可能先於自己的援軍趕到，那樣後果不堪設想。然而，在躊躇之間，幾個小時過去了，對方援軍趕到。結果，戰場形勢迅速扭轉，拿破崙遭遇慘痛的失敗，並且從此一蹶不振。

拿破崙的失敗向世人證明，在人生緊要關頭，在決定前途和命運的關鍵時刻，不能猶豫不決，徘徊彷徨，必須明於決斷和敢於放棄。卓越的軍事家總是在最重要的主戰場上集中優勢兵力，全力以赴去爭取勝利，甘願在不重要的戰場上做一些讓步和犧牲，坦然接受次要戰場上的損失和恥辱。

在人生的戰場，我們也要學會放棄，傾注自己的時間和精力於主戰場上，不必計較次要戰場的得失與榮辱。不要怕選擇錯誤，因為錯誤經常是正確的先驅，它會教我們逐漸學會放棄。

現實中，我們也應該學會在擁有的時候敢於放棄。學會可以為了一棵樹而放棄整個森林，這也許就是另一種珍惜。未來是不可知的，對眼前的這一切，我們還來得及把握，我們還可以在無限中珍惜這些有限的事物！

人生，也就是在這種放棄與珍惜之中得到昇華。

只有懂得放棄和敢於放棄才有機會，與真正有益於自己的人和事親近，才會獲得自己想要的東西。我們才能在人生的土地上播下良種，致力於有價值的耕種，最終收穫豐碩的果實，在人生的花園採摘到美麗的花朵。

懂得在擁有中放棄，需要你的智慧與勇氣，放棄你不值得帶的包袱，才可以簡潔輕鬆的上陣，人生的旅途才會更愉快，事業才會更輝煌。

殫殘天下之聖法，而民始可與論議

【語譯】

毀盡天下的聖智法制，百姓才可以議論是非和曲直。

【原文釋評】

莊子認為，要讓百姓敢於議論是非，首先要做的就是去掉約束議論的法制，任何事物有所得必有所失，想要達到自己的目的，妥協退讓有時候是必要的。

關鍵時刻的進退哲學可以決定一個人事業的成敗，適時的妥協和退讓是最明智的選擇，此是成大事必備的，必要的妥協和退讓會讓你的生活煥然一新。

【經典案例】

日本著名的電器經銷商鈴木太郎，在總結自己的成功之道時認為，在陷入進退兩難的境地時，不僅要小心謹慎，更要高瞻遠矚，進而做出正確的選擇，以贏得最大的勝利。

一九六〇年的一件事，對鈴木太郎的震撼很大。當時，日本鈴木電器公司與德國西門子公司就有關技術合作問題進行廣泛而深入的商務談判。雙方正陷入談判的困境，一方面，西門子公司堅持技術使用費的抽成要佔銷售總額的九％，鈴木太郎不贊同這個提案，經過艱苦的鬥爭，最終把抽成壓低到五％。但是西門子公司儘管做出讓步，卻又提出新的要求：作為抽成優惠的條件即專利轉讓費定為六十萬美元，並且要一次付清，這又讓鈴木太郎陷入兩難的處境。答應還是不答應，他在思索著。答應，公司必將陷入財務危機，一場災難勢必在劫難逃。不答應，公司又會失去一次發展的大好時機。

當時，鈴木電器公司的資本總額是四億日圓，但是六十萬美元相當於二億日圓！這筆技術轉讓費對於剛起步不久的鈴木公司來說的確是一個相當沉重的負擔。對方的要求、條件能否接受？如果妥協和退讓值不值得做？鈴木太郎對此感到極度的猶豫。此時的形勢對於鈴木公司來說極其不利，因為合約是由西門子公司單方面擬成的，這樣一來，就有許多條款是有利於他們，例如：其中的違約和處罰條款的訂立就明顯有利於西門子公司。

在這種形勢對己不利的情況下，鈴木太郎高瞻遠矚的指出，退一步海闊天空，懂得退才知道進，他決定採取「假人之手，從中漁利」的經營策略。如果做些妥協和退讓，接受對方的條件和要求，付出這筆錢，也就是先吃虧，後賺錢。這樣做也顧全了大局，對鈴木公司的發展，對日本電子工業的發展都是有利的，因為接受對方的條件和要求，就可以利用他們的技術專利，為自己賺錢，這叫「借力生財」。

鈴木太郎的退，實則為進。為了保證技術合作專案效益的穩定，他又對西門子公司做了深入細緻的調查研究。在調查中，他發現西門子公司擁有一個三十多名研究人員的研究所。這個研究所實際上就是西門子公司的核心。他們設備先進，人員精良，每天都在進行世界最新技術和最新產品的開發研究，這也是西門子引領世界先進潮流的秘密。

鈴木太郎深知，如果他要創造一個相同水準和相同規模的研究所，要花上幾十億日圓和幾年的時間，現在僅以二億日圓為代價，就可以充分利用西門子公司研究所的人員和設備，等於是拿二億日圓和幾十億日圓交換，這實際上是一筆非常划算的交易。可惜，大多數的人卻都看不到這一點，只是簡單的心疼表面上花的那些錢。

由於鈴木公司從西門子公司獲得最新的研究成果，所以當時凡是世界上最先進的科技成果，幾乎都有鈴木公司的參與，這為他們一躍而發展成為馳名全日本甚至全世界的公司打下堅實的基礎。可以這樣說，雙方的合作使鈴木公司開始確立國際大公司的地位。

從表面上看，似乎是他落了下風，不僅做出妥協和讓步，而且還接受西門子公司巨額的專利轉讓費和不公正的違約和處罰條款。

但是事實卻證明，鈴木太郎才是這場沒有硝煙的戰爭中最大的贏家。

適當的妥協與退讓在現實中會經常湧現，鈴木太郎在面對突如其來的經濟危機，同樣巧妙的運用此策略，使公司立於不敗之地。

由於日本是一個四面臨海的島國，本身就缺乏工業資源，在這場危機中，金融界一天比一天萎縮和疲軟，導致工廠縮編和倒閉；員工被減薪和解僱；勞資糾紛不斷……然而，鈴木並沒有重視這場到處瀰漫的危機，他繼續擴充自己的事業，大規模的建設公司總部、工廠、員工住宅。

不久之後，這場經濟危機就影響到日本的商業市場，鈴木太郎這才感覺到危機的壓力：銷售額劇減一半，倉庫裡堆滿賣不出去的滯銷品。更糟糕的是，由於公司剛貸款建新廠，資金極度缺乏，如果這種滯銷情況持續下去，鈴木電器公司的倒閉只是一個時間的問題。「屋漏偏逢連夜雨」，就在這個關鍵的時刻，鈴木太郎偏偏病倒，不得不躺在病床上。

面對危機，一般化解難關的方法就是裁員和減薪。當時，代行社長職務的川行會三等高級主管也沒有跳出這個框架，都主張採用這兩種辦法，他們的計畫是把公司的生產量減少一半，員工也裁減一半。

鈴木太郎堅決不同意這個方案，對經濟危機，他自有一套理論：「國家與企業越不景氣，越不能緊縮銀根，必須要透過擴大生產和擴大就業等措施來度過危機。如果生產日趨萎縮，工人們大量失業，就成為政府『緊縮政策』的犧牲品。政府的『緊縮政策』是經濟不景氣的罪魁禍首，因此必須採取與之相反的方法，否則公司將在泥沼中越陷越深，無法自拔。」

緊接著，他做出一個常人所無法理解的指示：「生產立即減半，工作時間減為半天，但員工一個也不許解僱。而且，員工的薪資照發不誤，不減薪。但前提條件是，所有的員工必須得全力銷售庫存產品。用這個方法，先度過難關，靜候時局轉變。」

「半天工資的損失，是一個小問題。但最重要的是使員工們有以工廠為家的觀念，才是問題的根本。所以，任何員工都必須照舊僱用，不得解僱一個。」鈴木太郎認為工資是小問題，讓員工們以工廠為家的觀念才是根本問題，因此他沒有解僱一個員工。

鈴木太郎的這個決定像一簇熊熊燃燒的烈火在寒冷的冬季，溫暖每個員工的心靈。當員工們聽到這個指示，無不歡欣鼓舞，無形中都感到自己就是公司的主人，因此每個人奮勇盡力，拼盡全力銷售工廠庫存的產品。

鈴木太郎的這個做法使公司不僅轉危為安，並且創下公司歷年來最大銷售額！

鈴木太郎的成功充分說明，如果交易雙方在商務會談中能夠靈活巧妙的運用「假人之手，從中漁利」的技巧，將會順利的實現交易目標。這也充分說明妥協退讓有時候是必要的，這個決策是為那些聰明人準備的，只有認清事物本質，才能獲得最後的成功。

上誠好知而無道，則天下大亂矣

【語譯】

君主一心追求聖知而不遵從大道，天下一定會大亂！

【原文釋評】

莊子認為，君主如果想擁有天下，必須在聖知大道之間做出選擇，懂得取捨，才能真正的坐擁天下。

【經典案例】

隨著IT產業迅速興起，開創微軟帝國的比爾・蓋茲已經成為人們心目中的英雄，特別是他在機會面前敢於選擇和放棄的勇氣更讓許多年輕人佩服不已。

「雅虎」公司的創始人楊致遠，就是在比爾・蓋茲成功之路的感召下成長並且取得成功的年輕人。

一九九八年，這是「雅虎」公司發展史上最為輝煌的一年。「雅虎」網站的日平均點擊量超過七千萬次，「雅虎」成為世界最知名的網站之一，同年九月，「雅虎」公司市場值達到將近兩百五十億美元，獲利率達到四一・六％。在同一時期，這令資訊產業界一枝獨秀的「龍頭老大」微軟公司的獲利率相形見絀，同時也創造連續兩年進入「富比士」（Forbes）排名前五百家企業的驚人紀錄。

然而，幾年前「雅虎」產業的全部內容還只是楊致遠一台電腦中的網路資料搜索手冊，「雅虎」公司的成立充滿了戲劇性。

一九九三年底，正在美國史丹佛大學電機研究所攻讀電機工程博士學位的楊致遠，開始率先使用全球網路來協助自己研究項目的完成。但是在複雜網路的使用中，他和同學大衛・費洛都覺得目前的國際網路內容包含非常廣泛，但是要找一個相關題目往往需要耗費很多時間。

因此他們就想，如果能建立一套可供搜尋的軟體，有系統和分門別類的將所有資料加以組織，使用網路資料時就會很方便，所花費的時間也會大大減少。於是，經過一段時間的醞釀，從一九九四年開始，年僅二十五歲的楊致遠經常利用一台名為「曙」（AKEBONO，日本有名的美裔相撲手名稱）的電腦，借助學校的工作站，著手在網路上發布自己設計的網路搜索軟體，並開始建立屬於自己的「雅虎」網站。

「雅虎」（Yahoo）一詞，源自英國作家斯威富特的小說《格列佛遊記》中一群野人的名字。至於為何以此來命名自己的公司，楊致遠說：「我是從一本旅遊手冊中看到這個名詞的，我們覺得『雅虎』這個詞代表那些既無經驗，又無教育的現代社會中的外來遊客，與我們這群初涉ＩＴ業的電腦人非常相近，所以我們就用了『雅虎』（Yahoo）一詞來作為這個網站和相關軟體的名稱。」

由於「雅虎」網站及其軟體的內容生動有趣，結合當下熱門的話題，加之它收集並且公布的資料分類詳細，網友很快發現並喜歡上這個網站，許多網友紛紛進入史丹佛大學電機系的工作站，來使用這套軟體。但是，校方的正常研究開始受到干擾，許多利用網路才能實現的研究項目無法正常展開。為此，校方大為惱火，毫不留情的將他們的代理伺服器「請」出了學校網站。

為此，楊致遠開始積極尋找其他潛在的合作者和投資者。

他來到美國西部的「矽谷」地區，以碰運氣的心理找到當時成功的企業家和國際購物網路的創始人亞當斯。當亞當斯看完楊致遠的求助計畫和關於「雅虎」網站及相關軟體的文字說明後，立即被它吸引住。

憑藉多年的經營經驗，亞當斯斷定這將是一個具有巨大潛力的開發專案。因此，他不僅幫助「雅虎」網站問世，還將「雅虎」公司介紹給矽谷的風險投資公司「矽谷高科技投資風險公司」，由這家公司直接協助運作「雅虎」公司的全部上市工作。

此時，楊致遠與費洛一致認為，在這個推出自己公司及軟體的黃金時機，繼續開發「雅虎」公司的商業潛力及其軟體工作，要比最後完成博士研究的全部課程更重要。於是，他們毅然放棄即將完成的博士學位，攜手成立「雅虎」（YAHOO）軟體公司。

就這樣，在ＩＴ產業的鉅子中，除了早期放棄大學學業的比爾・蓋茲和史蒂夫・鮑爾默之外，又多了楊致遠和費洛，他們雖然暫時放棄自己的學業，但同樣在自己的領域內開拓無比成功的事業。

成功的人往往有一雙銳利的眼睛，在機會面前能抓住稍縱即逝的關鍵時刻，及時取捨，憑藉這個新的決策改變他們未來的人生，使他們的事業如朝陽一樣永遠不落。

逐萬物而不反，是窮響以聲，形與影競走也，悲夫

【語譯】

（惠施）追逐萬物而不能返璞歸真，這是用聲音來止住迴響，用形體避去影子而加速跑離，真是可悲啊！

【原文釋評】

莊子認為，惠施之所以最後無所收穫，是因為只知追逐而不知歸真。如果你遇到了阻力，要靜下心來轉個彎，尋求解決的方法是最好的選擇。

當你所要堅持的遲遲等不到結果的時候，不如轉個彎，換一種方法來做事，這也是人生的一種智慧，千萬不要像實驗裡的鱷魚到死也不知道轉個彎來尋找生路。

【經典案例】

心理學家做過一個試驗：將一條饑餓的鱷魚和一些小魚放在一個小箱的兩端，中間用一個透明的玻璃板隔開。剛開始，鱷魚毫不猶豫的向小魚發動進攻，牠失敗了。但是牠毫不氣餒，又向小魚發動第二次更

猛烈的進攻，牠又失敗了，並且受了傷。牠還要進攻，第三次，第四次……多次進攻無望後牠再也不進攻了。這個時候，心理學家將隔板拿開，鱷魚仍然一動不動，牠只是無助的看著那些小魚在自己的身體下面悠閒的游來游去。牠放棄所有努力，最終活活餓死。

一隻蝴蝶從敞開的窗戶飛進來，在房間裡一圈又一圈的飛舞，有些驚惶失措。顯然，它迷路了，努力了好多次，都沒有飛出房子。

這隻蝴蝶之所以無法從原路飛出去，原因是它總在房間頂部的空間尋找出路，總是不肯往低處飛，低一點的位置就是敞開的窗戶。甚至有好幾次，它都飛到高於窗戶頂部至多三寸的位置，就是不肯再飛低一點！最終，這隻不肯飛低一點的蝴蝶耗盡了氣力，奄奄一息的落在桌子上，就像一片毫無生氣的葉子。

或許這些都是很平常的故事，但是告訴我們的卻往往是人生的道理。生活中經常有這樣的人，他們一方面抱怨人生的路越走越窄，看不到成功的希望；另一方面因循守舊，不思改變，習慣在錯誤中繼續前進。

適時放棄，是要我們懂得放棄需因時而異，不要拘於一格。死腦筋，不僅於事無補，自己也會活得焦頭爛額。

當時命而大行乎天下，則反一無跡；
不當時命而大窮乎天下，則深根寧極而待。

【語譯】

當時機和命運順應自然大行於天下，就會返歸混沌之境而不顯露形跡；
當時機和命運不順應自然而大窮困於天下，就深藏緘默來靜心等待。

【原文釋評】

莊子認為，人活於世應視時機而動，順利時，可以順其發展；不順利時，要靜心等待，要懂圓通之道，不可強求。

「軟硬兼施」是一種為人處世的方略。「軟硬兼施，圓滑世故」，有些人會對此感到厭惡，如果想做到無為實則有為，也少不了這種圓滑之道。

自古以來，軟硬兼施的處世之道，正人君子可以使用，奸佞小人更是擅長，只是各取其用。前者用以堅持正義和捍衛尊嚴，並且規勸他人行正道，後者則是為了達到某種不可告人的目的，甚至不惜犧牲別人的利益。既然它是手段，惡人用之作惡，正人自可用之「棄惡揚善」。

軟硬兼施，需要恰如其分和恰到好處，作家三毛舉例說明：「對一個惡人退讓，結果使他得寸進尺；對於一個傻子誇獎，結果使他得意忘形。」看來，想要使其發生效用，需見機行事，對欺軟怕硬的人，可以以「硬」克之，對於吃軟不吃硬的人，可以以「軟」化之。

「外圓內方」是軟硬兼施的另一種表現。有方有圓，百事不難，為人處世既要堅持原則性（即「方」），又要保持靈活性（即「圓」），二者相輔相成，才能營造和諧的人際關係。

在人們的社會交往中，要處理人與人之間的各種關係，也少不了有方有圓的處世之道。「方」，即指品行方正，「圓」，即指婉轉機警。有些人外方內圓，秉性剛直，心地善良；有些人外圓內方，面容慈善，行事有方。這些人不都是老謀深算和老於世故的人，他們以「方」為立身處世的根本，以「圓」作為減少阻力的方式。

經驗告訴我們，一個斤斤計較和處處與人摩擦者，即使他本領高強，聰明過人，也往往會使自己壯志難酬，事業無成。年輕人未經社會的磨練，總是呈現出稜角，容易受挫，為了減少前進中的阻力，為了集中精力去實現自己的理想和願望，必要時，我們應該做出某種讓步或妥協，即用「圓」的方法取代「方」的精神，不能把「方」全丟了。一個人如果都以「方」處之，以硬碰硬，竭盡全力與阻力較量和抵抗，甚至拼個你死我活，這樣做的結果，一來精力難以承受，二來樹敵太多，更不好過，與其如此，何不適當的用些「圓」的方法，積極的設法排除一些困難或減少部分阻力，這樣不就使通向成功之路上少幾塊絆腳石嗎？

以戰爭為例，兩軍對峙，如果無法正面進攻（可以說是「方」），因為敵強我弱，力量懸殊，只能算是「以卵擊石」。有經驗的統帥，面對寡不敵眾的形勢，採用迂迴包抄的戰術，避其主力，擊其側翼，就可以扭轉戰機，取得勝利。「迂迴包抄」的戰略，不就是「圓」的戰術嗎？

行事為人過於方正，可能會樹敵過多或顯得不近人情而傷害別人，過於婉轉又容易被人說成圓滑，所以行方圓之道要掌握「火候」。總而言之，無論軟硬兼施也好，有方有圓也好，它都是啟示人們處理社會生活中各種人際關係的重要思維。

忠諫不聽，蹲循勿爭

【語譯】

忠誠勸諫不被接納，就應該退一旁不要再去爭諫。

【原文釋評】

莊子認為，作為忠臣，當自己的勸諫不被採納時，就不要據理力爭，否則有可能會招致殺身之禍。人都有軟弱的一面，當自己的力量不足以使對方懾服，就應該適時低頭，然後再爭取。

古人有一句很有見地的處世格言：「在人屋簷下，不得不低頭。」它教給人們在屋簷下要忍耐一時之辱，同時這句話也顯得有些無奈和勉強。想要真正成就一番事業，不如改為「一定要低頭」。

「虎落平陽被犬欺，龍游淺水受蝦戲」。同理，在別人屋簷下，無論你是強者還是弱者，此時你都是客人而不是主人，所謂的「屋簷」也就是別人的勢力範圍，處於別人的勢力範圍內，你稍有抬頭，就有被碰著的危險。你隨時面臨別人挑剔的眼光，隨時都有可能被人排擠和打擊，甚至消滅。

這一點劉邦做得最好。在鴻門宴上，劉邦深知自己的處境不利，清楚的看到「人在屋簷下」，所以從宴會的開始到結束都一直低著頭行事，始終把自己的身分貶得極低而把項羽抬得極高，稱他為大王，又稱讚大仁大義。在項羽的內心，逐漸對這位「臣子」產生同情和憐惜之情，進而放鬆對劉邦的警惕。這樣一來，劉邦終於贏得逃脫的時機，為以後打敗項羽奠定基礎。

對於弱者來說，「在人屋簷下，一定要低頭」，已經是勿庸置疑。對於強者來說，有沒有必要在人屋簷下，一定要低頭？

如果你作為一個強者，而且是勢力遠遠超過對方時，也就是對方的力量與自己比起來顯得弱小時，這個時候進入對方的勢力範圍可能會因為面子問題而不願意「低頭」。其實，你的這種思維錯了。你犯了一個錯誤，就是人具有本能的排斥「非我族類」的本性，如果你這樣做了，他們表面上會害怕你的威力而不敢反抗，但是內心深處他們會與你產生不良的反抗情緒，這與你以後的發展不利。試想，難道你能確信你永遠是強者嗎？所以，最明智的做法不如給對方「禮」，這樣一來，你既不失面子，又使對方覺得你有紳士風度。

假如你的對手是一位與你實力相當的同伴，你更要謹慎行事，不可有任何敷衍和輕視的態度，畢竟你們的實力相當。如果此時這種關係處理得不好，很可能激怒對方，而使他成為你的競爭對手或潛在的競爭對手。記住，千萬不可激怒對方，也不要傷害對方的自尊心。這個時候，你最好的辦法就是動之以情，曉之以理和「禮」，在他的勢力內主動提出和他合作，承蒙對方多多關照的要求。你首先滿足了他的自尊心，給了他面子，又給了物質利益，他會考慮與你合作。為了自己的長遠利益，他不會置你於背後而不顧，畢竟他也知道有一天會利用你的勢力範圍。

「在人屋簷下，一定要低頭」的目的，是為了讓自己與環境有和諧的關係。低頭是為了把你和對方的摩擦降到最小，進而減少前進的阻力，也是為了保存自己的實力，以便追求更長遠的利益，這也是為了把不利於你的環境轉化為對你有利的因素，這個思維就是以柔克剛，做到剛柔相濟的思維。

其形化，其心與之然，可不謂大哀乎

【語譯】

人的形體逐漸枯竭衰老，人的精神又束縛於其中隨之消毀，這能不算是莫大的悲哀嗎？

【原文釋評】

莊子認為，如果人的形體衰老，人的精神卻又被困其中，不知自拔，這是很悲哀的，所以做人不要太死板，要懂得放棄，才能活得有精神有快樂。

面對生活所帶給我們的困境，如果不能放棄或是不能放手，就會使自己深陷在無法自拔的困境之中。這些看似無解和凝滯的痛苦與困境，往往就在我們懂得放棄和放手的藝術與智慧之後豁然開朗，生命於是向你展現出一個截然不同的景致和場面。

【經典案例】

有一個年輕的建築師一直苦悶自己無法突破大師們出色的建築設計，他只能跟在大師後面亦步亦趨，這使他感到十分沮喪。

於是，他暫時告別自己熱愛的工作，帶上所有的積蓄準備遊覽全世界的著名建築。

他跋山涉水走過一個又一個城市，遊覽一個又一個國家的雄偉建築，最後來到一個無與倫比的輝煌建築——聞名世界的泰姬陵，他被這個絕無僅有的建築迷住了。

他的靈感頓時如泉湧般噴瀉而出，他完成一個又一個出色的建築設計。

他成為知名度頗高的建築設計師。

因為熱愛才放棄，當思路被阻塞時，暫時放棄，換一種方式尋求另一種突破。

對於曾經熱愛的過去，當我們為之竭盡全力之後，有時候選擇灑脫的放棄而不是苦苦支撐到力不從心，也許是一種真正的熱愛。

言與齊不齊也，故曰無言

【語譯】

主觀言論跟客觀同一的自然之理不能和諧一致，所以雖然有言可發卻不如不發。

【原文釋評】

莊子認為，當你的言論迷失了自然本性，雖然說卻似沒有說，就不如不說。生活中，如果你發現自己所做的事即使非常努力，也達不到自己想要的結果，就應該換一種方法，適時而動。

對於未來，每個人都有一個目標，當你確定目標以後，下一步就是確定自己的目標，或是確定自己希望達到的領域。如果需要改變，就必須考慮到改變後是什麼模樣；如果你決定解決某一問題，就必須考慮到解決問題時可能遇到的困難是什麼。

確定理想的目標以後，你必須研究達到該目標所需的時間、財力、人力的花費是多少，你的選擇、途徑和方法只有透過檢驗，才可以估量出目標的現實性。你或許會發現自己的目標是可行的，否則你就要量力而行，修改自己的目標。

有許多滿懷雄心壯志的人毅力很堅強，但是由於不敢進行新的嘗試，因而無法成功。請你堅持你的目標吧，不要猶豫不前，但也不能不知變通。如果你確實感到行不通，就嘗試另一種方式吧！

如果你想成為一個百折不撓，牢牢掌握目標的人，以下有兩個建議對你或許有所幫助。

告訴自己「總會有其他辦法可以辦到」

每年有幾千家新公司獲准成立，可是幾年以後，只有一小部分仍然繼續營運。那些半路退出的人會這麼說：「競爭實在是太激烈了，只好退出為妙。」真正的關鍵在於他們遭遇障礙時，只想到失敗，因此才會失敗。

你如果認為困難無法解決，就會真的找不到出路，因此一定要拒絕「無能為力」的想法。

先停下，然後再重新開始

不要鑽牛角尖而不知自拔，要找出新的解決方法。成功者的秘訣是隨時檢視自己的選擇是否有偏差，合理的調整目標，放棄無謂的固執，輕鬆的走向成功。

【經典案例】

一個非常精明的業務員，他的年薪百萬。很少有人知道他原來是歷史系畢業的，在做業務員之前還教過書。這位成功的業務員這樣回憶他的前半生：

「事實上，我是一個很無趣的老師。由於我的課很沉悶，每個學生都坐不住，所以我講什麼他們都聽不進去。我之所以是無趣的老師，是因為我已經厭煩教書生涯，毫無興趣可言，但是這種厭煩感卻在不知不覺中也影響到學生的情緒。最後，校方終於不與我續聘，理由是我與學生無法溝通，其實我是被校方免職的。當時，我非常氣憤，所以痛下決心，走出校園去闖一番事業。就這樣，我才找到業務員這份勝任並且愉快的工作。」

「真是『塞翁失馬，焉知非福。』如果我不被解聘，也就不會振作！基本上，我是很懶散的人，整天都病懨懨的。校方的解聘正好驚醒我的懶散之夢，因此到現在為止，我還是很慶幸自己當時被人家解僱。要是沒有這番挫折，我也不可能奮發圖強，而闖出今天這個局面。」

堅持是一種良好的品性，但是不適合每件事情，有時候過度的堅持，會導致更大的浪費。有人認為，如果沒有成功的希望，屢屢試驗是愚蠢而毫無益處的。

諾貝爾獎得主萊納斯・鮑林說：「一個好的研究者知道應該發揮哪些構想，哪些構想應該丟棄，否則會浪費很多時間在差勁的構想上。」有些事情，你雖然用了很大的努力，但你遲早要發現自己處於一個進退兩難的地位，你所走的研究路線也許只是一條死胡同。這個時候，最明智的辦法就是抽身退出，去研究其他項目，尋找成功的機會。

在人生每個關鍵時刻，審慎的運用智慧，做最正確的判斷，選擇正確方向，同時不要忘記及時檢查選擇的角度，適時調整。放掉不必要的固執，適時的做出正確抉擇，以此來引你走在通往成功的坦途上。

有些人失敗，不是沒有本事，而是定錯目標，成功者為了避免失敗，隨時檢查目標是否合乎實際，合乎道德。

阿爾弗萊德・福勒出身於貧苦的農家，成年以後，他雖然努力卻失去三份工作。之後，他嘗試推銷刷子，他立刻明白了，他喜歡這種工作，他將思想集中於從事世界上最好的銷售工作。

他成為一個成功的銷售員。在攀登成功階梯時，他又定下一個目標，就是創辦自己的公司。如果他能經營買賣，這個目標就會十分適合他的個性。

他停止為別人銷售刷子，比過去任何時候都更為興高采烈。他在晚上製造自己的刷子，第二天就出售。銷售額開始上升時，他就在一所舊棚子裡租下一個空間，僱用一個助手，為他製造刷子。他集中精力於銷售，那個最初失去三份工作的人得到什麼樣的結果？

福勒製刷公司擁有幾千個業務員和數百萬美元的年收入！

目標，是成功人士的起點。沒有目標，就沒有動力，但這個目標必須是合理的，即合乎實際情況和客觀規律，合乎社會道德，如果不是，即使你再有能力，千百倍努力，也不會獲得成功。

人生只有懂得適時放開不可能成功的事情，才能重獲機會，贏得成功的可能。

第八章：厚積薄發，水到渠成

只有積水深的地方，才能浮起大船。如果想成功，也需要付出很多的努力，成功需要勇氣，也需要不斷的累積，不積跬步，無以致千里。

道行之而成，物謂之而然

【語譯】

道路是由人們走出來的，事物是因為人們如此稱呼而形成的。

【原文釋評】

莊子認為，道路是由人們走出來的，只有走的人多了，才能稱為道路。天下沒有免費的午餐，就可以說明人只有行動，才有可能得到自己希望得到的東西，只有多一分行動，才會多一條成功道路。

你或許認為只要能力與精力許可，每個人都能達到自己所追求的目標，但是對於你失業在家，沒有任何收入，新的工作又遙遙無期，或許該換另一種說法。

【經典案例】

席勒的成長或許讓你有所啟示。

席勒的父親不僅事業成功，而且為人慷慨。從席勒上高中的時候開始，只要他要用錢，他隨時可以用父親的帳號開支票。上大學時，更是隨心所欲，舒適而逍遙的生活一直繼續到父親去世。父親留給他的遺產是一片相當大而且十分值錢的土地，但是沒多久，經濟蕭條就席捲各地。席勒為了償債和到銀行貸款，陸續把田地抵押，最終被銀行拍賣。

直到有一天，席勒突然發現自己已經一無所有。如果要活下去，就必須出去找一份工作，那是席勒以前從未考慮過的事。在此以前，唯一會的是開支票，但是此法目前已經完全行不通。至此，他陷入茫然。

有一天晚上，席勒從噩夢中醒來，終於知道自己必須面對事實，並對自己說：「無憂無慮的童年歲月已過，現在你已經長大成人，做事也要像個大人。夥計，開始工作吧！一直以來自認為美國是一個充滿機會的國家，只要努力，就可以達到追求的目標。」雖然正值經濟蕭條時刻，工作機會不多，但他還是對自己的前途滿懷希望。

他為了自己的信念，不斷積極行動，終於在一家財務公司找到工作，並且在那裡愉快的工作四年。後來，他辭去職務，再次回到家鄉的土地上，用這個信念慢慢積聚力量，並且逐漸建立自己的信用，擴大經營的範圍。

他重新贏回他原有的一切，靠經驗與教訓走上成功之路，並把這些寶貴的經驗傳給他的兩個兒子，因為他深深明白，這比單獨只給他們財富更有意義。

信念容易產生，行動靠信念來維持，信念加上行動才會走向成功。只有信念而不行動，成功就是一種幻想。

死與，生與，天地並與，神明往與

【語譯】

死啊，生啊，與天地共存啊，與造化共遊俱往啊！

【原文釋評】

莊子認為，死生與天地共存，它們之間是有聯繫的。人的名聲也不是自己跑來的，而是在你的實際行動中得來。

「名聲」不會隨便追隨誰，它覺得你忠實可靠和名有所值，才會甘願追隨於你。所以，做事不能圖虛名，要以追求實效為第一，這樣才是真正的做事精神。

有些人獲得名譽之後，就不再發展自己的才能，也不再做出自己的貢獻，這種名譽就和實際不相符合，也就成為虛名。虛名會使人放棄努力，沉睡在他已經取得的名譽上，不思進取，最後將一事無成。

圖虛名者是不能獲得大勝的，因為虛名誤事，不少有權有勢之人就是因為好大喜功而落到身敗名裂。敢於直言的魏徵不圖虛名，力求為百姓做事，從大家的利益出發，因而得到大家的支持和理解。

【經典案例】

隋朝立國之初，文帝制定的法律是比較寬平的，到煬帝時則使用嚴刑峻法強化統治，結果弄得民不聊生，四處造反。唐高祖在位時制定的法律，基本恢復了隋初的寬平。唐太宗特別注意吸取隋亡的教訓，下令對法律再加修正，有些條文改重為輕，原來規定判處絞刑的某些罪，改為流放服勞役；判處斬首的罪人，要由宰相和六部尚書討論決定，必須經過五次複奏才可以執行，以免出現錯殺冤獄。「死者不可再生，用法務在寬簡。」這是唐太宗規定的立法和執法原則。

唐太宗雖然英武過人，但也是凡人，也有激動生氣之時，因此他要求自己的臣子多多提醒他。貞觀初年，濮州（今山東鄄城北）刺史龐相壽因為貪污被人告發，受到追贓和解職處分。他因為自己是秦王府舊人，就向唐太宗求情，希望能得到寬大處理。唐太宗派人傳話說：「你是朕的舊部下，貪污大概是因為窮迫，朕送你一百匹絹，你繼續當刺史，今後自己可要檢點才好。」這顯然是越法而徇私。魏徵知道此事後，立即進諫批評：「龐相壽貪污違法，不加追究，還要加以厚賞，留任原職，就因為他是陛下的舊人，他也不以自己貪污為罪過。陛下為秦王時舊人眾多，如果他們都是這樣貪贓枉法，就會使廉潔的官員感到害怕，影響吏治的清明。」唐太宗看過奏章，就改正對龐相壽的寬縱處理。

曾經在隋朝任官的鄭仁基有一個女兒，容貌美麗又富有才學，長孫皇后奏請把她聘為充華，唐太宗同意後，下了冊封的詔書。魏徵知道鄭家小姐已經許配了夫家，就進諫勸阻道：「陛下身居樓閣之中，就應該希望天下百姓有安身之屋；陛下吃著精美食物，就應該希望百姓也飽食不饑；陛下看看左右妃嬪，就應該希望天下男女及時婚配。現在，鄭家小姐已經和人訂婚，陛下卻要將她納入宮中，難道合乎為人父母的心意嗎？」唐太宗一聽，立即表示自責，決定停止冊封。但是有人提出，鄭家小姐並未出嫁，而且詔書已下，不宜中止。與鄭家小姐婚的陸爽也上表說，他和鄭家並無婚約。唐太宗再次徵求魏徵的意見。魏徵如實指出：「這是陸爽心裡害怕陛下，才違心上表。」於是，唐太宗又下了一道敕令：「今聞鄭家之女，先已受禮聘，前出文書之日，未詳審事實，此乃朕的不是。」果斷的收回冊封詔命。

所謂伴君如伴虎，魏徵如果只是徒慕虛名，不必冒著生命危險給李世民上諫。他只需為表面的太平盛世歌功頌德，錦上添花即可。但魏徵卻以一貫的實在作風，遇事不從自己利益出發來考慮，而是為江山社稷著想，為百姓謀利。百代之後，青史仍留魏相之名，不能不令我們深思！

名聲需要建立在實物的基礎上，不是隨便可以強加。追求自己的人生目標，就不要被眼前的迷惑擋住前面的道路，你應該毫不猶豫的拋開這一切身外之物，走自己的路，做自己的事，用自己的成果獲得更多的榮譽。

帝道運而無所積，故天下歸

【語譯】

帝王統馭的規律也沒有停頓，所以天下百姓歸順。

【原文釋評】

莊子認為，帝王之所以能統治天下是因為有不間斷的統馭的規律，因此想要達到自己的目的，必須不斷努力。不是有夢想就可以成功，只有付出行動，勤於累積，才能實現。

【經典案例】

很久以前，泰國有一個叫奈哈松的人，一心想成為一個富翁，他覺得成為富翁的最快的方法就是學會煉金之術。

此後，他把全部的時間、金錢、精力都用在煉金術的實驗中。不久之後，他花光自己的全部積蓄，家中變得一貧如洗，連飯都沒得吃了。妻子無奈，跑到父親那裡訴苦，她父親決定幫女婿改掉惡習。

他讓奈哈松前來相見，並對他說：「我已經掌握了煉金之術，只是現在還缺少一樣煉金的東西……」

「快告訴我，還缺少什麼？」奈哈松急切的問。

「好吧，我可以讓你知道這個秘密。我需要三公斤香蕉葉下的白色絨毛，這些絨毛必須是你自己種的香蕉樹上的。等到收齊絨毛後，我就告訴你煉金的方法。」

奈哈松回家之後迫不及待將已荒廢多年的田地種上了香蕉。為了盡快湊齊絨毛，他除了種以前就有的自家田地之外，還開墾大量的荒地。當香蕉長熟後，他小心的從每張香蕉葉下收刮白絨毛，他的妻子和兒女則抬著一串串香蕉到市場上去賣。就這樣，十年過去了。奈哈松終於收集了三公斤絨毛。這天，他滿臉興奮的拿著絨毛來到岳父的家裡，向岳父討要煉金之術。

岳父指著院中的一間房子說：「現在，你把那邊的房門打開看看。」

奈哈松打開了那扇門，立即看到滿屋金光，竟然全是黃金，她的妻子兒女都站在屋中。妻子告訴他，這些金子都是他這十年裡所種的香蕉換來的。面對著滿屋的黃金，奈哈松恍然大悟。

只有付出汗水才能真正體會成功的喜悅，靠其他捷徑得來的，你會在某個時刻覺得缺少什麼。

上下見厭而強見也

【語譯】

不管上下的人怎麼厭煩，仍然要頑強的進行廣泛的宣傳。

【原文釋評】

莊子認為，堅持自己所做的必須要有韌性，不厭其煩，才可能成功。

【經典案例】

有一天，在一棵古老的橄欖樹下，烏龜聽見一隻長得很漂亮的雄鴿子說，獅王二十八世要舉行婚禮，邀請所有的動物都去參加慶典。「既然獅王二十八世邀請所有的動物都去參加慶典，我是動物，我也應該去！」烏龜心裡想。

於是牠上路了，在路上牠碰見了蜘蛛、蝸牛、壁虎，還有一大群烏鴉。牠們先是發愣，然後嘲笑說：「烏龜呀，不是我們說你，這麼簡單的道理你都不懂，婚禮立刻就要舉行，可是你爬得這麼慢，你能趕上嗎？等你趕到，不要說婚宴早就結束，恐怕生下的小孩也已經長大成人可以舉行婚禮了。」

但是烏龜執意前行。

許多年後，烏龜終於爬到了獅王洞口。只見洞口到處張燈結綵，各類動物幾乎都聚集其中。這個時候，快樂的小金絲猴告訴牠：「今天，我們在這裡慶祝獅王二十九世的婚禮。」

如果烏龜聽了別人的規勸後，放棄前行的念頭，又怎能趕上獅王二十九世的婚禮？

一九一二年，日本選手金栗志藏在斯德哥爾摩奧運會的馬拉松賽跑中，由於體力不支，中途昏倒，放棄比賽。一九六六年，七十六歲高齡的金栗志藏到瑞典舊地重遊。他從當時退出比賽的地點，穩步向終點斯德哥爾摩奧林匹克運動場走過去，終於完成當年的未盡之功。至此，他的馬拉松成績為五十四年八個月六天八小時三十二分二十秒。

面對向他表示祝賀的瑞典記者，金栗志藏意味深長的說：「儘管我比對手落後了半個多世紀，但我最後還是抵達了終點。」

這種意志讓人深受感動，或許現在你所欠缺的也是這份精神，只要你堅持不斷前行，成功的大門最終會為你敞開。

其留如詛盟，其守勝之謂也

【語譯】

他們不發言就像發過誓一樣，默默不語的等待制勝的機會。

【原文釋評】

莊子認為，默默無語的專注可以使精神達到高度集中，成功制勝的機會就會增加。

生活中往往有一種感動，那是來自工作中一種忘我的境界。成功的藝術大師，往往都具有那種除了追求完美的意志之外，還有把一切都忘記的熱忱。一個成功的人一定能夠把他自己完全沉浸在他的工作裡，這就是成功的秘訣。

【經典案例】

一個奧地利人對著名雕刻大師羅丹工作的見聞和感受：

在羅丹的工作室——有大窗戶的簡樸屋子，有完成的雕像，有許多的半成品，一隻胳膊，一隻手，有些只是一隻手指或是指節；他已經動工而擱下的雕像，堆著草圖的桌子，這間屋子是他一生不斷的追求與勞作的地方。

羅丹穿上粗布工作衫，就像變成一個工人，他在一個台架前停下。

「這是我的近作。」他說，把濕布揭開，現出一座女性雕像。

「這個已經完工了。」我想。

他退後一步，仔細看著。但是在審視片刻之後，他低語了一句：「這肩上線條還是太粗。對不起……」

他拿起刮刀和木刀片輕輕滑過柔軟的黏土，給肌肉一種更柔美的光澤。他健壯的手動起來了，他的眼睛閃耀著。「還有那裡……還有那裡……」他又修改一下，他走回去。他把台架轉過來，含糊的吐著奇異的喉音。時而，他的眼睛高興的發亮；時而，他的雙眉苦惱的蹙著。他捏好小塊的黏土，黏在雕像身上。

就這樣，過了半個小時，一個小時……他沒有再向我說一句話。他忘記一切，除了他要創造的更崇高的形體的意象。他專注於他的工作，猶如在創世之初的上帝。

最後，帶著喟嘆，他扔下刮刀，像一個男子把披肩披到他情人肩上那種溫存關懷般的把濕布蒙在雕像上，於是他又轉身要走。

在他快走到門口之前，他看見了我。他凝視著，就在那個時候他才記起，他顯然對他的失禮而驚惶：「對不起，先生，我完全把你忘記了，可是你知道……」

我握著他的手，感謝的緊握著。也許他已領悟我所感受到的，因為在我們走出屋子時他微笑了，用手撫著我的肩頭。

沒有什麼像親眼見到一個人全然忘記時間和地方與世界那樣使我感動。那個時候，我參悟到一切藝術與傑作的奧妙——專心，完成或大或小的事業的全力集中，把易於發散的意志貫注在一件事情上的本領。

對工作投入全部的熱忱，以至達到忘我的境界，生活的藝術精品就會隨之產生，這就是藝術人生。

風之積也不厚，則其負大翼也無力

【語譯】

風的強度不大，就沒有力量承受巨大的翅膀。

【原文釋評】

莊子認為，只有達到一定級別的風，才能使鵬高飛，所以成功也來自不斷的累積。

【經典案例】

一九八三年，伯森・漢姆徒手攀壁，登上紐約的帝國大廈，在創造金氏紀錄的同時，也贏得「蜘蛛人」的稱號。

美國懼高症康復聯席會得知這個消息，致電「蜘蛛人」漢姆，打算聘請他做協會的顧問。

伯森・漢姆接到聘書，打電話給聯席會主席諾曼斯，要他查詢第一〇四二號會員，這位會員很快被查出來，他的名字叫伯森・漢姆。原來，他們要聘作顧問的這位「蜘蛛人」，本身就是一位懼高症患者。

諾曼斯對此大為驚訝，一個站在一樓陽台上都心跳加快的人，竟然能徒手攀上四百多公尺高的大樓，他決定親自去拜訪伯森・漢姆。

諾曼斯來到費城郊外的伯森住所，這裡正在舉行一個慶祝會，十幾個記者圍著一位老太太，進行拍照和採訪。

原來，伯森・漢姆九十四歲的曾祖母聽說漢姆創造了金氏紀錄，特地從一百公里外的慕拉斯堡羅徒步趕來，她想以這個行動為漢姆的紀錄添加光彩。

誰知這個異想天開的做法，無意間竟然創造一個老人徒步百里的世界紀錄。

《紐約時報》的一位記者問她：「當你打算徒步而來的時候，你是否因為年齡問題而動搖？」

老太太精神矍鑠，說：「小夥子，打算一口氣跑一百公里也許需要勇氣，但是走一步路是不需要勇氣的，只要你走一步，接著再走一步，然後一步再一步，一百公里也就走完了。」

懼高症康復聯席會主席諾曼斯站在一旁，立刻明白伯森・漢姆登上帝國大廈的奧秘，原來他有向上攀登一步的勇氣。

老太太在不經意間走出她的世界紀錄，伯森・漢姆用自己的雙腳登上紐約的帝國大廈，在你驚嘆之餘，是不是應該像他們一樣，重新啟程，用自己的雙腳走出屬於自己的成功。

其溺之所為之，不可使復之也

【語譯】

他們沉溺於所作所為之中，無法使他們恢復到原來的情狀。

【原文釋評】

莊子認為，人需要有專注的精神，對自己所做的事業要注入全部的精力才會有所成就。中國有一句古話：「一心不可二用」，對於成功來說，朝秦暮楚是一個最大的敵人，它肯定會使你徒勞無功。

這就意味著，你必須全心全意的投入到你所選擇的事業之中，你如果決定從事某項事業，你就必須對你選擇的事業有足夠的信心。然後，全心的投入，不能三心二意，不能朝秦暮楚。否則，這種心態會影響你的激情、接受挑戰的勇氣和鬥志，將你的銳氣一點一點的磨蝕。

對於許多人來說，每個月有一份固定的薪水的確不錯，它起碼可以使你的生活有一定保障，不至於衣食無著。但是，日復一日、年復一年，朝九晚五的上班下班難免讓人覺得有些無聊，於是可能就會有新的想法。這一天，突然有靈感，你有一個絕妙的創意，成功的畫面不禁使你心潮起伏，此時你面臨人生的一次重大選擇！

你面前有兩條道路。一條是破釜沉舟，辭去現在這份薪水很好的差事，自己開創一份事業。如果成功，它給你帶來的不僅只是財富，它有可能完全改變你的人生，使你踏上一條輝煌之路；如果失敗，有可能使你一無所有，沒賺到錢不說，還會把你原來的積蓄全部賠進去，搞不好還會欠一堆債務，而且原來那份薪水不菲的差事也丟了。

另一條就是大多數人認為的一條安穩的道路——兩者皆取，這種看似安穩的選擇通常都以失敗告終。古今中外，心有旁騖而成功的例子是極少的。道理很簡單，這種想法很難帶來良好的業績，同時，它也不會給以後事業的發展提供基礎。

這些就足以使你的事業陷入困境而舉步維艱，到最後，你會發現自己一籌莫展，直至一敗塗地。

想要成功，就必須瞄準一個方向，集中精力和全力以赴的做下去。發展的過程本身就是一個充滿風險的過程，如果你不想承擔風險，如果你不停的寄望於第二個、第三個方向，結果往往會導致失敗。

面對同樣的機會，不同的人有不同的結果。中國古代有一個故事，三個財主在一起散步，忽然其中一人首先發現前方地上有一枚閃閃發光的金幣，然後緊緊的盯著！幾乎同時，其中一人大叫起來：「金幣。」話音未落，第三個人已經俯身把金幣撿到自己的手裡。這個故事說明：「眼快嘴快不如手快」，也就是說，如果看準機會，就要立即行動，專注於行動，這樣才能成功。

關於這一點，東芝公司總經理土光敏夫從他所從事企業經營管理的過程中得出十分有益的經驗。他認為，企業生活每天有「牆壁」。他還說：「我推牆，打破牆，然後再盯著下一面牆。」「在一個小房間裡，如果坐著不動，就察覺不到牆。一有所動作，碰壁了，才察覺到牆。」

這實際上也是把一段時期內要完成的一項事業或是要專攻的一種學術化為更小的單位，以每天計的

「破壁」行動，把鍥而不捨的恆心落實到更紮實的程度。其實，心無二用就是最大的發展智慧。

聖道運而無所積，故海內服

【語譯】

思想品德達到聖明的人，對宇宙萬物的看法和主張仍然沒有中斷和停頓，所以四海之內所有人服從。

【原文釋評】

莊子認為，一個人的思想修養想要影響他人必須不間斷才能實現，成功者的願望往往在堅強的毅力下產生。

毅力有八個重要的因素：

目的明確性

首先要明白自己是在尋求什麼？這是發展毅力的最重要階段，有了強烈而堅固的動機，才能度過許多的難關。

要有欲望

追求同樣的欲望越強，體會毅力和發揮毅力較為容易。

依賴自己

如果你有把握能夠徹底執行你的長期致富計畫，你就可以靠你的毅力，照計畫去順利進行。有這個把握和行動，一切穩定之後，就可以再想一些花樣來增加收入，如此的為錢而加倍工作和奔走，收入自然會倍增，這也要以不影響身體健康為先決條件。

計畫的可行性

如果你的計畫是組織化的，即使在計畫上有缺點，或是有些非現實的東西，對於培養毅力還是有很大的幫助。

正確的知識

如果你的計畫健全，並以充分的經驗和正確的觀察為基礎，一定能夠充分鼓起自己的毅力。假如你不爭取正確的知識，只得到不斷猜測的習慣，你只是在破壞自己的毅力。

尋求合作

對人產生同情心，站在別人的立場，替別人著想，並給予協助，也是培養毅力的重要因素。

同情別人不是毫無限制，這裡只是說同情別人，願意合群和合作的性格，也是一種對培養毅力的有利因素，所以不是見人就同情，因為很多人戴著假面具，你誠實對待他，他不一定還你誠意，而還你欺騙。

集中注意力

為了完成明確目的之計畫，養成一種集中自己思路的習慣，也會逐漸養成超人的毅力。

使毅力成為一種習慣

毅力可以說是習慣直接的後果。如果集中精神每天去從事同一個目的、同一個性質、內容的工作或計畫，成為人生的一部分，自然就會養成根深蒂固的習慣。在戰爭中，看過勇敢而積極的行動者的人，一定會十分瞭解勇氣是多麼重要，而培養勇敢行為之習慣更重要。

現在最重要的是，看看你自己在培養超人毅力上，缺少哪些性質及性格上的其他條件。

你必須拿出勇氣，好好檢討你自己，如果你對自己做以上的詳細分析，就可以更瞭解你自己，或許會有重要的新發現。

如果你想成功，就必須徹底克服以下弱點：

- 不知道自己所需要的是什麼，而且不能做明確的定義。
- 不管有沒有原因，不可以猶豫不決。
- 對於學習專門知識，根本沒有興趣。
- 對於一個問題，不認真去做，即使發生了許多的問題，都優柔寡斷的往後拖延，並且有很多理由和藉口，認為自己是不得已的，實際上就是對自己敷衍。

■不僅消極的拖延，應該做的事不做，同時也不擬定一個足可解決問題的計畫。

■自我滿足。

■不管對任何事情，往往不與敵人鬥爭反抗而有立即妥協的不關心和不積極的態度。

■把自己的過錯推到別人的身上，責怪別人，到了事態嚴重的地步，才不得不承認自己的錯誤。

■由於欲望較弱，所以懶惰到連好的機會都不去爭取和把握。

■往往只失敗一次，就放棄這個計畫。

■缺乏組織化的計畫，所以根本不知道自己下一步應該怎麼走。

■機會已經來到面前，卻視而不見，不想去捉取和掌握。

■沒有現實的計畫，經常做白日夢。

■沒有設法致富的習慣，只有隨時容易和貧窮妥協的壞習慣，認為富者自富，貧者自貧，一切任其發展，沒有大志。

■想走捷徑，不想付出代價。

■沒有主見，對別人在想什麼、做什麼，太過關心，唯恐自己負責任，因之沒有能力自己想出計畫來實行。

人生的過程，是一個不斷認識自己的過程，是一個不斷挖掘自己的過程。一個有價值的生命，一定是竭盡全力的利用自己；一個有意義的人生，一定是充分的表現自己。

夫為劍者，示之以虛，開之以利，後之以發，先之以至

【語譯】

擊劍的關鍵，首先是把弱點顯示給對方，使對方以為有可乘之機，然後向對手發起攻擊，以搶先擊中對手。

【原文釋評】

莊子認為，想要贏得最後的勝利，要有忍耐力，以弱示強，才能出奇制勝。

自古有云：「小不忍則亂大謀」，即對待任何事情都要懂得忍讓，尤其是與自己息息相關的事，更是能忍則忍，否則一不留神，就會斷送自己的前程，得不償失。

工作是為了生存，在公司有很好的前程，是為了生活的富有，如果你想得到自己想得到的，不妨忍一忍，也不會失去什麼，有時候這種忍能成就你的事業。

也許你會說：「我自己費盡心血，立下汗馬功勞，為什麼要讓給主管？」

你不願意忍耐將功勞讓給主管，你也許封閉了使你獲得主管好感和感激的管道。如果你肯大方的將你的功勞讓給別人，受到禮讓的人一定會因其所得的「佳餚」而感激你，對你心生好感。

當主管受到這份「重禮」時，一定在內心對你感懷：「這個人能夠這樣體諒我，把功勞讓給我，我應

該對他有些報答。」

你失去這份功勞，但是你以後做事就順利多了，因為有主管的支持和協助，屆時你將得到主管的祝福與更多的獎勵。

你能忍耐克制自己不肯讓功的情緒，而將功勞讓給主管，你會有更多的機會立到更大的功勞。以下有兩個建議不妨作為參考：

忍耐接受主管的責備

對你工作上的失誤，主管當然要責備你。

然而，有時候工作上很小的失誤，並非你所造成的，主管卻對你加以責備，這個時候適度的忍耐，會使你少與主管發生衝突，事過之後，主管也會對你有所歉意。

而且，對於工作的失誤，精明的主管往往是責備小的錯誤容忍大的錯誤。因為對於你犯的大錯，不用別人去責備，你也會懊惱萬分，甚至會難過好久，主管在此時給你的鼓勵和信任，反會使你更忠誠於他、聽從他的旨意辦事。相反的，對於小的失誤，因為很少人會去認真對待，小的過錯對你的影響不大，所以此時主管的責備，目的是想引起你對失誤的注意，不是真正不能忍受你在工作上的失誤。

並非每個主管都如此精明，他往往會因部下的過錯而大加責備，在煩惱的同時，切記不要產生反抗心理。不能忍耐和自我辯護不僅無益，反而更加重主管對你的反感。

此外，有些主管可能會採取推諉責任的辦法，將不是你的過錯推到你身上，他只是考慮自己的立場，沒有辦法保持自己的面子和尊嚴。在這種情況下，你有充分的理由，也不要辯解，你的忍耐和「對不起」

的歉意，反而會使主管不安和同情你。

能夠忍聲吞氣，再加上你的耐心等待，局面會逐漸好轉的。

耐心的實施你的行為，達成你的目標

當你需要做成一份工作，又屢遭挫折的時候，「厚臉皮」的方法有時候會助你一臂之力，例如：推銷一種產品，買主自己不需要，說不定他的朋友需要，他的親人需要，只要你經常在他耳邊提醒鑼鼓，哪一天他被感動，他就買了，你的願望也就達成了。

忍耐是一種氣量，耐心是一種韌性。以忍求勝，水到渠成。

是鳥也，海運則將徙於南冥。南冥者，天池也

【語譯】

這隻鳥，當海動風起時就飛往南海。南海，就是一個天然的大地。

【原文釋評】

莊子認為，鵬是由鯤變化而來，當牠具備飛的能力時，只需要風的力量就可以達到自己的目的，成功往往偏愛有準備的人，只有做好準備才能順勢而成。

想要成功，不可能一蹴而就，只有準備好了，才是成功的資本。除此之外，好的機會也是成功的一個捷徑。

許多人抱怨：「我就是缺乏機會，要是有機會，早就已經成功了。」一位哲人曾經說：「人生就是一系列機會的組合。」

兩類人的對話，也正是「庸人」與「成功者」對人生的不同詮釋。在這個世界上，善於利用這些「組合」的人實在是少之又少。故而，悄無聲息的平淡人生居多，輝煌風流的人生寥若晨星。

諸葛孔明「草船借箭」，一箭三鵰，成為千古佳話：一騙曹操，二氣周瑜，三保全自身。流傳至今，人們更關心的，已經不是當時錯綜複雜的政治局勢，而是諸葛孔明超乎常人想像的把握時機的洞察力。

周瑜對他妒忌有加，已經是一個公開的秘密，「造箭」只是一個幌子，加害才是「真」。同時，憑他的天象知識，預知天氣的變化，更深知曹操梟雄，生性多疑。所有這一切，構成一個絕好的機會。孔明沒有疏忽，他抓住了，不僅為蜀漢政權創造一個外交和軍事上的巨大成功，更為自己神奇的一生添上絢爛神秘的一筆。

所謂「應運而生」、「時勢造英雄」，無論是「運」還是「時勢」，都只是「機會」的另一種符號。成功的人，其成功之處，就在於他能把握住人生的機會。

怎樣才可以抓住人生的機會？

「機會」常在，平凡者對之視而不見。因而，機會只垂青於那些有眼光，又有冒險精神，能勇於面對危險的人。

【經典案例】

曾經風靡世界的日本八佰伴公司，剛開始的時候只是一個賣水果蔬菜的小店。然而，和田一夫卻大膽擴張，抓住經濟發展的機會，終於成為大型超級市場連鎖店，擁有資本二三六・六億日圓，三千五百個從業人員。店鋪在日本國內有四十二家，海外有二十六家，成為日本商業界的一個奇蹟。

「微軟」的成功，更是令世人對比爾・蓋茲刮目相看。想當年，他只是一個上課不專心下課搞電腦組裝的大學生。就是這麼一個大學生，卻成就如此龐大的事業，與電腦龍頭老大ＩＢＭ平起平坐。他靠的是什麼？眼光、冒險、機會。

應該如何抓住機會？除了上述幾點，另有兩點也非常重要：

第一，反向思維。一般人之所以苦苦尋覓，卻一無所得，正是因為他受制於習慣思維定勢，但是機會的棲息之處正是在於「定勢」之外。所以，不人云亦云，是把握時機的關鍵。眾人以為不行的事，可能是過分誇大了困難，也可能是不適合他們的，卻適合你做的。趨之若鶩時，退避三舍可能得到的會更多；躑躅不前時，或許多跨一步就可以獨領風騷。

第二，科學的分析。「經驗」的時代早已不復存在，科學越來越統治人類的行為。對「機會」的分析，更應劃入科學的範疇。看當今世界上任何一家頂尖的公司都必須花費大量的人力、物力、財力，用於搜集、處理、分析市場動態，從中捕捉任何有利於公司的資訊。「經驗」的局限，已讓人們嘗夠了「苦頭」，而不敢再提對它的信任。所以，對機會的「把握」不是在瞬間完成的，其背後更有無比豐富的「內容」。

把握機會，不等於走向成功。成功與否，還在於實力。

這是一個充滿競爭的世界，達爾文的「優勝劣汰」在現代得到過分的擴張。沒有堅實的根基，即使面臨再好的機會，也如同沒有，這正是八佰伴公司給我們的教訓。

說起來令人難以相信，八佰伴公司在國外聲名赫赫。然而，很多東京人根本不知八佰伴為何物。在日本，八佰伴的店鋪只局限於靜崗及周邊地區，並沒有形成全國性的經營規模。就在此種情況下，和田一夫隨著「國際化」這個經濟發展潮流，貿然向海外發動大規模的擴張，先後「入侵」中國、香港、巴西、英國、美國等地。結果，過度的擴張引起資本的不足，最終宣布破產。一座商業大廈，轟然坍塌。

總之，機會對每個人都是均等的，就看你能否不失時機抓住它；機會又是人為的，勇往直前與老成持重同等重要，用你已經做好的準備，加上比他人多的眼光和魄力，實際行動，創造屬於你自己的奇蹟。

棄事則形不勞，遺生則精不虧

【語譯】

捨棄世事，形體就不會勞累；遺忘生命，精神就不會虧損。

【原文釋評】

莊子認為，人要有所得必然要所有失，不可每件事情都求全。未來怎樣，沒有一個人會預知，世事千變萬化，沒有人能控制，但是成功卻需要你有遠見的卓識，才不至於被社會淘汰。

在現實生活中，多想幾步，遠見卓識將給我們的生活帶來極大的價值和巨大的利益，會打開不可思議的機會之門。遠見能增強一個人的潛力，一個人越有遠見，就越有潛力。

遠見使工作輕鬆愉快

成就令人生更有樂趣，當你努力把工作做好時，沒有任何東西比這種感覺更愉快。它給予你成就感，它是樂趣。當那些小小的成績為更大的目標服務時，例如：使一個遠見成為現實，就更令人激動，每項任務都成為一幅更大的成功藍圖的重要部分。

遠見給工作增加價值

同樣的，當我們的工作是實現遠見的一部分時，每項任務都具有價值。哪怕是最簡單的任務也會給你滿足感，因為你看到更大的目標正在實現。

遠見預言你的將來

缺乏遠見的人可能會被等待著他們的未來嚇得目瞪口呆，如果你有遠見又勤奮努力，將來就更有可能實現你的目標。未來是無法保證的，任何人都一樣，但你卻能大大增加成功的機會。

小吳和小王差不多同時受僱於一家超級市場，剛開始的時候大家都一樣，從最底層做起。可是不久之後，小吳受到總經理青睞，一再被升遷，從領班直到部門經理。小王卻像被人遺忘一般，還在最底層。終於有一天，小王忍無可忍，向總經理提出辭呈，並痛斥總經理狗眼看人低，辛勤工作的人不提拔，反而升遷那些拍馬屁的人。

總經理耐心的聽著，他知道小王是一個工作願意吃苦的人，但是似乎缺少了什麼。忽然間，他有了好主意。

「小王，」總經理說：「你立刻到市場上，看看今天賣什麼。」

小王很快從市場回來說，市場上只有一個農民拉了一車馬鈴薯賣。

「一車大約有多少袋，多少斤？」總經理問。

小王又跑去，回來說有十袋。

「價格多少？」小王再次跑到市場。

總經理望著跑得氣喘吁吁的他說：「請休息一會吧，看小吳是怎麼做的。」說完叫來小吳，對他說：「小吳，你立刻到市場上，看看今天賣什麼。」

小吳很快從市場回來了，並且說，到現在為止只有一個農民在賣馬鈴薯，有十袋，價格適中，品質很好，他帶回幾個讓經理看。這個農民過一會還將弄幾箱番茄上市，據他看價格還算公道，可以進一些貨。這種價格的番茄總經理可能會要，所以他不僅帶回了幾個番茄做樣品，而且把那個農民也帶來了，他現在正在外面等回話。

總經理看著臉紅的小王，然後說：「請他進來。」

小吳由於比小王多想了幾步，於是在工作上取得一定的成功。

請問，你能想到幾步？

要使自己的遠見真正有價值，還必須與另一種能力結合——如何使遠見變為現實。

你需要一套實現你的遠見的戰略，以下的指導原則對你有幫助。

確定你的遠見

這個觀點雖然非常簡單，但實現遠見總要由確定遠見開始。對有些人來說，這實在是太容易了，因為他們似乎生來就有一種遠見卓識。另一些人則需要經過長時間的沉思、考慮才能獲得這種本領。

如果你想成功，就必須多想幾步，確定你人生的遠見。你的遠見不能由別人給你，如果那不是你自己的遠見，你就不會有實現它的決心與衝勁。遠見必須以你的才能、夢想、希望、激情為基礎，遠見是了不起的東西，它還會對人產生積極的影響——特別是當一個人的遠見與他的命運不謀而合的時候。

瞭解你目前的生活

考察當前生活的一個目的是規劃行程，估算此行的費用。一般說來，你離自己的遠見越遠，所花的時間就越多，代價就越大，實現自己的遠見是要做出犧牲的。

為大遠見放棄小選擇

所有夢想的實現都是有代價的，為了實現你的遠見，就要做出犧牲，其中一個涉及到你其他的選擇。你不可能一面追求你的夢想，一面保留你其他的種種選擇。

多種選擇是好事，可以提供機會。但對於想取得成功的人，有時候他必須放棄種種小選擇來交換唯一的夢想。這有點像一個人來到岔路口，面臨幾種前進的選擇。他可以選擇一條能通往目的地的路，他也可以哪一條都不走，可是永遠到不了目的地。

按照遠見制定計畫

實現遠見包含著必須選定一條個人發展的道路，並在這條路上走下去。以為自己可以從生活的一個階段向另一個階段進步而無需改變自己，是在自我欺騙。人生的任何積極轉變必定需要個人成長。

因為個人成長是實現自己遠見的必經之路，所以你能定出的最具戰略性的計畫是按照你的遠見來規劃你的成長道路。想一想要實現理想你必須做什麼，然後確定要成為你想做的那種人，你需要學習什麼，看一些書籍，聽一些錄音帶，以感受別人的成長過程。

經常與成功人士接觸

個人成長的過程包括與人接觸，學習如何成功的最佳方法是與成功人士接觸。觀察他們，向他們請教。逐漸的，你會開始跟他們一樣看問題。

擁有信心

實現夢想要求你不斷努力，並發揮出最大的衝勁。加強韌性與衝勁的方法之一，是不斷的表達你對自己夢想的信心。用語言向別人講，同時默默的對自己講，保持一種積極的充滿信心的態度。即使偶生疑惑，也要全神貫注，保持信心，外在的信心會帶來內在的信心。如果你失去自信及對自己夢想的信心，你的夢想永遠不能成真。

對待他人的反對，要有正確的態度

必須保持積極心態的另一個原因，是你肯定會碰到反對的意見。那些自己沒有夢想的人不會理解你的夢想，他們覺得你的夢想不可能實現。他們會對你說，你的夢想一錢不值。即使他們明白到它的價值，他們也會說，雖然這是可以實現的，但不是由你實現。遇到別人反對時，你不必驚慌，而是應該有思想準備，抱持永不消沉的積極心態。

多走幾條路

為了實現理想，你必須不停的尋找一切對你有幫助的事物。要樂於嘗試新事物，到處尋找好主意。要善於觀察在其他領域效果很好的主意，在你這裡也可能有用。全神貫注於你自己的理想，但對於走哪條路才能實現理想，應該抱持靈活的態度。實現理想要有創新精神，如果我們對新觀念關上大門，就不會有創新精神。

以上提到的方法，都有助於你實現自己的理想。如果你不願意超越你平時的水準，這些方法也未必有用。要相信自己，規範自己遠見的每個步驟，不要輕易放棄自己的理想。

以此周行天下，上說下教，雖天下不取，強聒而不舍者也

【語譯】

用這種學說周遊天下，對上勸說君王，對下教育百姓，即使天下的人不願意聽從，也要依然勸說不停，不中途放棄。

【原文釋評】

莊子認為，面對困難阻礙不要放棄，否則一切努力就會付之東流。成功不意味著一切皆已結束，因為成功之後還有更長的路要走，成功之後或許還有更大的挑戰在等著你，需要你不斷受到磨練，才能贏得最後的勝利。

【經典案例】

傑克・倫敦在十九歲以前，還從來沒有進過中學。他在四十歲的時候就死了，可是他卻給世人留下五十一部巨著。

傑克・倫敦的童年生活充滿了貧困與艱難，他整天像發瘋一樣，跟著一群惡棍在舊金山海灣附近遊

蕩。說起學校，他不屑一顧，並把大部分的時間都花在偷盜等勾當上。但是有一天，當他漫不經心的走進一家公共圖書館內開始讀起名著《魯賓遜漂流記》時，看得如癡如醉，並受到深深的感動。在看這本書時，饑腸轆轆的他，竟然捨不得中途停下來回家吃飯。第二天，他又跑到圖書館看其他書。一個新的世界展現在他的面前——一個如同《天方夜譚》中巴格達一樣奇異美妙的世界。

從此以後，一種酷愛讀書的情緒就不可抑制的影響他。他一天中讀書的時間往往達到了十至十五小時，從荷馬到莎士比亞，從赫伯特·史賓塞到馬克思等人的所有著作，他都如饑似渴的讀著。當他十九歲時，他決定停止以前靠體力吃飯的生涯，改成用腦力謀生。他厭倦流浪的生活，他不願意再挨員警無情的拳頭，他也不甘心讓鐵路的工頭用燈揍自己的腦袋。

於是，就在他十九歲時，他進入加州的奧克蘭中學。他不分晝夜的用功，從來就沒有好好的睡過一覺，他也因此有了顯著的進步，他只用了三個月的時間就把四年的課程念完了，通過考試後，他進入了加州大學。

他渴望成為一個偉大的作家，在這個偉大理想的驅使下，他一遍又一遍的讀《金銀島》、《基度山恩仇記》、《雙城記》等書，隨後就拼命的寫作。他每天寫五千字，也就是說，他可以用二十天的時間完成一部長篇小說。他有時候會一口氣寄出三十篇小說給編輯們，但是它們全部被退回來。

後來，他寫了一篇名為《海岸外的颶風》的小說，這篇小說獲得某家雜誌社所舉辦的徵文比賽第一名。但是他只得到二十元的稿費。他貧困至極，甚至連房租都付不起。

一八九六年，令人興奮和激動不已的一年，人們在加拿大西北克朗代克發現金礦。

跟隨著像蝗蟲一樣的淘金者，面對生活的拮据，傑克·倫敦踏上克朗代克之路。他在那裡待了一年，拼了命似的挖金子。他忍受著一切難以想像的痛苦，最後回到美國時，他的囊中卻仍然空空如也。

只要能活下去，任何工作他都肯做。他在飯店洗過盤子和地板，他在碼頭和工廠當過苦力。有一天，他饑腸轆轆，身邊只剩下兩塊錢，他決定放棄賣苦力的勞苦工作，獻身於文學事業，這是一八九八年的事。五年後的一九〇三年，他有六部長篇以及一百二十五篇短篇小說問世，他成為美國文藝界最知名的人物之一。

傑克・倫敦經過生活的不斷磨練，對人生的不斷思索，最後終於找到一條屬於自己的路，並且因此走上最後的成功。因此，不要奢求成功是順理成章的事情，也許你的成功需要你不斷的前進。

明於本數，係於末度，六通四辟，小大精粗，其運無乎不在

【語譯】

（古時候聖人）既能通曉有關道術的大經大法，又能旁及有關法度的細節細目，不管是六通四辟的空間，或是小大精粗的事物，大道的運行變化無處不存在。

【原文釋評】

莊子認為，古時候聖人將大道運行變化於每個角落，這樣才能使大道發揚光大。所以，為人處世都不可忽略細節，細節對成功者來說產生至關重要的作用。

無論你完成何種工作，都少不了細節，所以不要輕視細節，它也是你日後成功的基石。

想要工作不流於一般的人，應該學會在細節處練功夫。

公司老闆有時候需要出差，經常讓身邊的秘書去買車票，這看似很簡單的一件事，卻可以反映出不同的人對工作的不同態度及其工作的能力，也可以大概預測今後工作的前途。有兩位秘書，一位將車票買來，就一大把的交上去，雜亂無章，容易丟失，不容易查清時刻；另一位卻將車票裝進一個信封，並且在信封上寫明列車車次、號位及啟程、到達時刻。由此可見，後一位秘書是一個細心人，雖然她只做了幾個細節處，只在信封上寫上幾個字，卻使人一目瞭然，省事不少。按照命令去買車票，這只是一個平常的工

作，但是一個會工作的人，一定會想到怎麼做才是最好的，才會令人更滿意更方便，這就需要注意細節的問題。

工作上，細心不容忽視。注意細節所做出來的工作一定能抓住人心，雖然在當時無法引起人的注意，但是久而久之，這種工作態度形成習慣後，一定會給你帶來巨大的收益。這種細心的工作態度，是由於對一件工作重視的態度而產生，對再細小的事也不掉以輕心，專注的去做才會產生。會成為大人物的人，即使要他去收發室做整理信件的工作，他的做法也會跟別人有所不同。這種注重細微環節的態度，為以後的成功打下基礎。

工作上的這種細心，需要的是「方便他人，方便自己」，減少麻煩，也會得到他人的好感，覺得你辦事周到而且不敷衍，會加深對你的印象，為以後工作奠定良好的基礎。

一部名為《細節》的小說，其題記為：「**大事留給上帝去抓吧，我們只能注意細節。**」作者還借小說主角的話做了注腳：「這個世界上所有偉大的壯舉，都不如生活在一個真實的細節裡來得有意義。」

想要成功，就要注意細節，不想因小失大，就必須仔細注意細節。「千里之堤，毀於蟻穴」，想挽回可就晚了。

今子有大樹，患其無用，何不樹之於無何有之鄉……逍遙乎寢臥其下。

【語譯】

現在你有一棵大樹，煩惱它無用，為什麼不把它種在虛寂的鄉土裡……逍遙自在的在它下面躺著。

【原文釋評】

莊子認為，大自然中的每個事物都有自身的用途，要靠你去發現，即使百無一用的大樹也可以讓人乘涼，何況是人？

不管你對生活的目標有多高，但是你的計畫中總有第一，即一切從頭開始。

剛從學校畢業的大學生，本身擁有最多的是知識，而缺少經驗，當他們走向社會的時候，那種高高在上的架子卻怎麼也融不進社會，以至於自己越想得到的卻越得不到，於是讓不知足的心理佔據全身。

有一位年輕人就是這樣的，他對生活的不滿和內心的不平衡一直折磨他，直到一個夏天與同學乘他們家的漁船出海，才讓他懂得許多道理。

同學的父親是一個老漁民，在海上打魚打了幾十年，年輕人看著他從容不迫的模樣，十分敬佩。

年輕人問他：「每天你要打多少魚？」

他說：「嗨，孩子，打多少魚不是最重要的，關鍵是只要不是空手回去就可以。我兒子上學的時候，為了繳清學費，不能不想著多打一點魚，現在他也畢業了，我也沒有什麼奢望打多少魚了。」

年輕人若有所思的看著遠處的海，突然想聽聽老人對海的看法。他說：「海真是偉大，滋養那麼多的生靈……」

老人說：「你知道為什麼海那麼偉大嗎？」

年輕人不敢貿然回答。

老人接著說：「海能裝那麼多水，關鍵是因為它位置最低。」

位置最低！

正是老人把位置放得很低，所以能夠從容不迫，能夠知足常樂。

許多年輕人有時候不能正確擺對自己的位置，因此經常為了自己的一點成績就沾沾自喜，為了自己的一點優勢，就以為除己以外，再無他人比他強。

相反的，如果能把自己的位置放得低一些，卻會有無窮的動力和支持。

朝菌不知晦朔，蟪蛄不知春秋

【語譯】

看見太陽就死的「朝菌」，不知道一天的時光；春生夏死而夏生秋死的「蟪蛄」，不知道一年的時光。

【原文釋評】

莊子認為，朝菌和蟪蛄都是定時而生和定時而死，所以不知道生死以外的世界。未知的世界不是靠走一步來發現的，探究未知領域要有不斷向前走的決心。

決心獲得成功的人都知道，進步是一點一滴不斷努力得來的，例如：房屋是由一磚一瓦堆砌而成，足球比賽的最後勝利是由一次一次的得分累積而成，商店的繁榮也是靠著出售一件一件商品取得，所以每個重大的成就都是一系列的小成就累積而成。

【經典案例】

著名的作家兼戰地記者西華・萊德先生，在一九五七年四月份的《讀者文摘》上撰文表示，他所收到的最好忠告是「繼續走完下一里路」，以下是其中一段：

「在第二次世界大戰期間，我跟幾個人不得不從一架破損的運輸機上跳傘逃生，結果迫降在緬、印交界處的樹林裡。當時，唯一能做的就是拖著沉重的步伐往印度走，全程長達一百四十英里，必須在八月的酷熱和季風所帶來的暴雨的侵襲下，翻山越嶺長途跋涉。」

「才走了一個小時，我的一隻長筒靴的鞋釘扎了另一隻腳，傍晚時雙腳都起泡出血，範圍像硬幣那般大小。我能一瘸一拐的走完一百四十英里嗎？別人的情況也差不多，甚至更糟糕。他們能不能走？我們以為完蛋了，但是又不能不走。為了在晚上找一個地方休息，我們別無選擇，只好硬著頭皮走完下一英里路……」

「我推掉其他工作，開始寫一本二十五萬字的書，心一直定不下來，我差點放棄一直引以為榮的教授尊嚴，也就是說幾乎不想寫了。最後，我強迫自己只去想下一個段落怎麼寫，而非下一頁，更不是下一章。六個月的時間，除了一段一段不停的寫以外，什麼事情也沒做，結果竟然寫成了。」

「幾年以前，我接了一件每天寫一個廣播劇本的工作，到目前為止一共寫了二千個。如果當時簽一份『寫二千個劇本』的合約，一定會被這個龐大的數目嚇到，甚至把它推掉。好在只是寫完一個劇本，接著又寫一個，就這樣日積月累的寫出這麼多。」

「繼續走完下一里路」的原則不僅對西華・萊德很有用，也適用於每個想要獲取成功的人。

按部就班做下去，是實現任何目標的唯一聰明的做法。就像讓抽菸的人戒菸，用以下這種方法，成功的比例比其他方法高。這個方法不是要求戒菸者下決心永遠不抽，只是要他們決心不在下個小時抽菸。

當這個小時結束時，只需把他的決心改在下一小時就好了。當抽菸的欲望逐漸減輕時，時間就延長到兩小時，又延長到一天，最後終於完全戒除。那些立刻就想戒除的人很少會成功，因為心理上的感覺受不了。一小時的忍耐容易，超過一小時，忍耐就容易達到極限。

想要實現任何目標就必須按部就班做下去。對於那些初級管理人員來講，不管被指派的工作多麼不重要，都應該看成是「使自己向前跨一步」的好機會。業務員每完成一筆交易，就為邁向更高的管理職位累積經驗。教授每次的演講，科學家每次的實驗，都是向前跨一步，更上一層樓的好機會。

透過這裡的示例，你知道「下一步」的重要吧？一定要對自己有信心，想要成功，絕對不能半途而廢。

第九章：不將不迎，順應自然

人容易丟失自我，迎合他人，以為這樣就可以獲取自己想到的東西，將自我的尊嚴踩於腳下。這種迎合，有時候不僅得不到滿足，或者只是暫時的滿足，自身所失去的卻遠遠超過想像。

虛則靜，靜則動，動則得矣

【語譯】

心境明澈就寧靜，寧靜而後活動，活動而後無不有所得。

【原文釋評】

莊子認為，人心若鏡則寧靜，不被外物干擾，所做的事情往往就會成功。

莊子說：「至人之用心若鏡，不將不迎」，就是說我們根本不用迎合他人，即可有所得。

莊子講了一個故事。

南伯子葵問女偊：「你年齡這麼大，面容卻像孩童，是什麼原因？」

女偊回答：「我得道了。」

子葵問：「道可以學得到嗎？」

女偊說：「不可以，以聖人之道傳給聖人之才，才容易領悟。我用三天忘記天下，再七天而忘萬物，再九天而無慮生死，心境才明澈，明澈才能感受道，得道才能超越古今，而後才能無所謂生死。道之為物，無迎無送，無毀無成。」

子葵說：「你從哪裡得來的道？」

女傴說：「從文字得到的，文字經由背誦得到，背誦經由見解明澈得到，明澈經由附耳私語得到，附耳私語經由實行得到，實行經由吟詠領會，領會經由靜默得到，靜默經由高曠寥遠得到，高曠寥遠經由迷茫之始得到。」

這個故事說明人心像一面鏡子，自身是完美的，不必去迎合他人。

【經典案例】

有一個長髮公主叫雷凡莎，她頭上披著很長的金髮，長得很美。雷凡莎自幼被囚禁在古堡的塔裡，和她住在一起的老巫婆每天念著雷凡莎長得很醜。

有一天，一位年輕英俊的王子從塔下經過，被雷凡莎的美貌驚呆了。從此以後，他每天都要到這裡來，一飽眼福。雷凡莎從王子的眼睛裡看到了自己的美麗，同時也從王子的眼睛發現自己的自由和未來。有一天，她終於放下頭上長長的金髮，讓王子攀著長髮爬上塔頂，把她從塔裡解救出來。

囚禁雷凡莎的不是別人，正是她自己，那個老巫婆是她心裡迷失自我的魔鬼，她聽信魔鬼的話，以為自己長得很醜，不願意見人，就把自己囚禁在塔裡。

就是因為自己心中的枷鎖，凡事都要考慮別人怎麼想，別人的想法深深的烙印在自己的內心，進而束縛自己的行動，使自己停滯不前。

就是因為自己心中的枷鎖，才使獨特的創意被自己抹煞，認為自己無法成功。然後，開始向環境低頭，甚至開始認命、怨天尤人。

許多人的一生，充滿許多坎坷、愧疚、迷惘、無奈，稍不留神，就會迷失自己，找不到方向。此時，如果你的心如明鏡，認清自己的真實面目，不迎合他人，不丟失自我，就可以在快樂中找到自我，進而成就自我。

不累於俗，不飾於物

【語譯】

不被世俗牽連拖累，不因外物矯飾失真。

【原文釋評】

莊子認為，在世俗中要盡量避免被世俗所累，要活出自己的本性，敢於在他人面前說「不」。

如何拒絕而不得罪人是做人的大學問，拒絕很難，說「不」更難，但是如果別人的要求不合理，與其答應，還不如盡快說「不」。因為這樣，雙方都會減少痛苦。

與人交往，說「不」是非常困難的事情，所以說「不」是一門學問。但是說出來也可以避免許多麻煩，尤其是你根本做不到的事情。明人潘游龍的《笑禪錄》裡有一個小笑話：甲乙是朋友。一日，甲病了，愁眉苦臉。乙來探望，問：「兄是何病？有什麼需要我辦的？我都能為你辦。」甲說：「我是害了銀子的病，只需要幾兩銀子就夠了。」乙立刻假裝沒聽清，咽了咽唾沫說：「你說什麼？」笑話本意是在諷刺虛假的朋友，但是從中我們也可以體會到拒絕別人的不合理要求時，自身通常會產生的尷尬心理。

生活中，我們經常會遇到他人的請求，例如：借錢，幫忙做某事，如果我們對這些請求不願意接受，卻又不好意思說「不」，就會使自己陷入為難的境地。如果違心的答應，心裡卻彆扭；如果假裝答應卻不做，則失信於人；或是只能像笑話中的那個人，乾咽唾沫，裝傻。

樂於助人是做人的一種美德，但是幫助別人不能沒有原則。對方的請求，不合時宜或不合情理的，我們可以拒絕，例如：有些人自己有存款，向你借錢，原因是怕自己提前取款會損失利息，這樣的請求明顯太自私了。有些人好貪便宜，見你有好東西，就張口：「送給我吧！」這種「奪人所愛」的「請求」也是讓人反感的。有些請求是強人所難，或根本就是無理要求。對於這些請求，我們心裡雖然不滿意，但卻不得不勉強答應，究其原因，大概有以下幾個原因：

- 接受比拒絕更容易。
- 擔心拒絕後會觸怒對方或受到報復。
- 為了給人一個好印象。
- 不瞭解拒絕的重要性。
- 不知如何說「不」。

拒絕別人需要一些技巧，希望下列建議對你有所幫助：

- 耐心的傾聽對方所提出的要求，即使是在他述說的時候你已經知道要加以拒絕，你也應該認真的聽他把話講完。這樣做，為的是更確切的瞭解他請求的內涵，也是尊重對方。
- 如果你無法當場做出接受或拒絕的決定，你就要明白的告訴對方你還需要考慮，並告訴他所需考慮的時間有多長。你可以說：「明天我再答覆你。」或是「讓我先瞭解情況，過兩天給你答案。」但是不可以把「需要時間考慮」作為拖延不決的擋箭牌。

■拒絕的時候，應該表示你對他的請求是認真考慮過的，你也瞭解對方提出的這個請求的重要性。

■拒絕的時候，表情上應和顏悅色。最好說一聲：「謝謝你對我的信任，但是……」你可以略微表示歉意，但切忌過分的表達歉意。那樣，對方會認為你不夠真誠。因為你如果真的感到過意不去，你為什麼不現在就接受請求？

■拒絕的時候，除了和顏悅色以外，也要顯露出堅定不移的態度。這就是說，你要暗示他，你不會因為他再三的請求而改變你拒絕的決定。

■向對方解釋你拒絕的理由，這是為了取得對方的理解和諒解。但是這不意味著你在每次拒絕的時候都要附以理由，有時候不說理由反而會顯得真誠。你可以說：「真抱歉，這次我無法幫你，希望你不要介意。」如果你講了理由，對方試圖推翻你的理由，你切記不可和對方爭辯，只需重複拒絕。

■讓對方瞭解，你拒絕的是他所請求的事而不是他，你是對事不對人。這次拒絕了，不妨礙下次提出其他請求，也許下次就可以幫上忙。

■拒絕以後，如果有可能，你可以為對方提供處理他的請求事項的其他可行途徑。美國某市長拒絕了西班牙裔居民關於失業的提案，但是在對方撤回後，他說：「我同意將這個提案作為我本人的競選政見公布。」這位市長拒絕了，但並未失去西班牙裔居民對他的支持。這裡，要避免建議對方試著找另一個可能更有辦法的人。這樣做可能會產生不良結果，「另一個人」會對你有誤解，認為你是「嫁禍於人」，而被你拒絕者，也會認為你在搪塞他，對你反感。如果你真的沒什麼好建議，不說尤佳。

■不要透過第三者拒絕某個人的請求，這樣會讓對方認為你既缺乏誠意又怯懦。

【經典案例】

關於拒絕的技巧，有一個「破唱片法」：損壞的唱片會一遍又一遍的重複同一句歌詞。有一次，幾位打工的大學生來某位先生推銷百科全書。那位先生說他對百科全書不感興趣，這些大學生就採取迂迴戰術來說服他，以達到他買書的目的。於是，「破唱片」就開始「唱」了：

大學生：「你對教育感興趣嗎？」

「破唱片」：「感興趣，但我對買百科全書不感興趣。」

大學生：「你有小孩嗎？」

「破唱片」：「有一個，但是我對買書不感興趣。」

大學生：「你對你孩子接受的教育水準滿意嗎？」

「破唱片」：「也許滿意，也許不滿意。但我對買百科全書不感興趣。」

最後，大學生們對他無計可施，只好放棄了。

從長遠的觀點來看，我們想要使拒絕的話真正產生作用，必須不帶感情的使用這種技巧，只有平靜的重複自己的觀點，才能躲避操縱性的語言陷阱、辯論的引誘、邏輯的圈套。

如果你遇到一位請求者，他不斷提出無理要求，並且試圖說服你，不妨當一次「破唱片」來拒絕他。做人就要把「不」字理直氣壯的說出口，不要忘記，「不」也是我們的權利。

敢於說「不」，會使自己放鬆，別人在你的「不」後，也能體會一種輕鬆。

知其不可得也而強之，又一惑也！故莫若釋之而不推

【語譯】

明知道達不到還要勉強去做，這又是一大迷惑！所以，還不如棄置一旁不予推究。

【原文釋評】

莊子認為，明知不可為而為之，只是徒勞，還不如將其放置一旁不予理會。人的能力是有限的，無論你的智商有多高，力氣有多大，都有達不到的境地，所以做事要量力而行，不可強求。

在人際交往的過程中，你會碰到形形色色的人，對那些性格怪異、孤僻的人，你即使想盡各種辦法，也無法跟他們接近，和這種人交往，與其勉強不如放棄。

如果不和這種人交往也還過得去，或是無論怎樣與對方交往也得不到什麼益處（包括精神和物質上的），就乾脆放棄。我們也可能因為對方不需要我們這樣的友誼，沒有必要跟所有人都保持良好的關係。雖然無論和誰交往都應該真誠對待，但是如果交際對雙方都沒有好處，還是不交際比較好，還不如把精力轉移到與其他人的交往，少一個不會破壞你的人際關係。

有一種人無論什麼時候都笑瞇瞇的，既不惱怒也不發火，只是緘默不語，總是讓別人說話，這樣的人

很難交往，因為這種人深不可測，即使你費勁的跟他結交，也是乾著急，對這種人你可以敬而遠之，或只表敬意而不主動接近。但是你沒有必要對其惱怒進而懷有敵意，因為如果被對方察覺到，他也會對你產生敵視態度，多這樣一個敵人不是自找麻煩嗎？

如果在公司裡，遇到一個自己十分討厭又不得不與其打交道的人，這個時候可以採取「敬而不近」的策略，這種人不值得你將其掛於心上，適當的距離不會影響你工作的心情。

聖人不由，而照之於天，亦因是也

【語譯】

聖人不走劃分是非這條道路，而是觀察比照事物的本然，也就是順著事物自身的道理。

【原文釋評】

莊子認為，聖人不重視是非，只注重事物的本然，找尋其實質，社會上的是非很多，說是非的人也大有人在，何必在乎他人的言論，做好自己最重要。

古話有云：「人言可畏」，即是說別人對你個人的說法、議論是十分恐怖的。無中生有的議論和讒言，會使你有口難辯，氣惱萬分。其實，最高明的辦法就是坦然處之，默然以對，不將不迎，順其自然。

英國偉大的戲劇家莎士比亞說：「不要為了敵人而過度燃燒心中之火，不要燒焦自己的身體。」哲學家康德也說：「**生氣是拿別人的錯誤來懲罰自己。**」這些智者的話不就是最好的注解嗎？

在實際生活中，你一定也有遇過有理說不清的人。無論你怎麼跟他解釋，他還是聽不懂，說不定還比你更大聲。

「止辯莫若無辯」是此時最好的對策，別人怎麼說，你就是沉默，說到累了，他們自然也不說了，你也就清靜了。

是非不分到處亂說的人，根本是沒有道德和不懂尊重他人的人，他們的好奇心放在說人長短上，說人是非者就是是非人，對於這種「是非人」怎麼辦？

「是非終日有，不聽自然無。」一位智者這樣說。

當事情已經黑白不分時，就沉默吧！越講只會越描越黑，更增加別人的話題，已經混濁的水，何必再費力去攪？越攪只會越黑，越是費勁越是難以澄清。

正如一位名人所說：「如果證明我是對的，人家怎麼說我就無關緊要；如果證明我是錯的，即使花十倍的力氣來說我是對的，也沒有什麼用。」

如果你曾經注意別人的批評是多麼的隨意，你就不會太在意。說過的話，他人早就忘記，最在意的只有自己，所以何必強加煩惱在自己身上，你就把它當作是一個笑話，不是樂得輕鬆嗎？

吾所謂聰者，非謂其聞彼也，自聞而已矣

【語譯】

我所認為的聰敏，並非說可以聽到別人什麼，而是在於內省自己而已。

【原文釋評】

莊子認為，一個真正聰敏的人，不是在意別人所說，而是反省自己是否有過錯，對於別人不好的言語，我們在聽的同時，也要考慮自身是否存在這樣的問題。

受到嘲笑，不要窘態畢露，無地自容，正因為嘲笑中往往存有真實的成分，事實越真確，刺激越厲害，不妨把它當作是對生命的洗禮。

【經典案例】

美國伊利諾州的卡諾，在他初任眾議院的議員，當眾演講時，言辭流利的紐澤西代表斐普士說：「這位從伊利諾州來的先生，口袋裡恐怕還裝著小麥？」

他的意思是諷刺他還未脫掉農村氣息，而會場的人全聽見了，弄得哄堂大笑，這是多麼難堪的事情。

卡諾雖然相貌粗野，心地卻很澄明，他坦白承認斐普士先生所說的，雖然是嘲弄，但也是事實，從容不迫的回答：「我不僅在口袋中有小麥，而且頭髮裡還藏著種子，我是西部人，難免有些鄉村氣，可是我們的小麥和種子，卻能長出最好的苗。」

卡諾因為這個自貶身分的反駁而名聞全國，大家反而恭敬的稱呼他：「伊利諾州最好的小麥議員。」

卡諾知道對付嘲笑這種事情，不能閃躲也不能害怕，你越閃躲越害怕，它越攻擊你，使你日夜不寧，你如果迎頭痛擊，反而能為你所克服，而無所施其技。就像遇到野狗一樣，狗如果見你怕牠，牠越肆意咆哮，你如果轉身對付牠，牠反而停止狂吠，向你搖尾乞憐。

一個人受了嘲笑，不要怕窘態畢露，像卡諾一樣，承認事實，這些無關緊要的小弱點，正表現出你的性格，自己的缺點，本是想努力改進的事，哪裡怕人家道破？自然安詳無事。

頭腦清晰的人，絕不以完人自居，他自知有許多缺點需要改進，別人的批評可以把這些不自知的缺點揭露出來。

我們的臉皮，也不可太薄，一受批評，說中你的缺點，就神經過敏，而不能強自鎮定，這是缺點，但是如果臉皮太厚，漠然無動於衷，不接受別人的批評，改進自己的缺點，這也是不對的。

不要將批評自己的人視為仇敵，不要把阿諛自己的人視為好友。心性懦弱的人，會被嘲笑的力量壓彎了原來挺拔的脊樑；心性剛強的人，則會把別人的嘲笑視為一種完善自我的力量。

你是怎樣對待別人潑給你的嘲笑之水？請把它當作對生命的洗禮，也許這是每個人都應該抱持的人生態度！無論你的身體健康與否，至少精神應該這樣健康。擁有好的心態，快樂隨之而來。

如果你的心如明鏡，認清自己的真實面目，不迎合他人，不丟失自我，就可以在快樂中找到自我，進而成就自我。

莊子

ZHUANG ZHOU

第十章：不巧若拙，大智若愚

巧中有拙，拙中有巧，用大智若愚的心態存活於當今的社會，實為一種明智之舉，如此不僅保住自己，也成全他人，何樂而不為？

德溢乎名，名溢乎暴，謀稽乎誸，知出乎爭，柴生乎守官，事果乎眾宜。

【語譯】

德行的外溢是由於名聲，名聲的外溢是由於張揚，謀略的考究是由於危急，才智的運用是由於爭鬥，閉塞的出現是由於執滯，事務處理果決是由於順應民眾。

【原文釋評】

莊子認為，人不可太追求名利，也不要太過於張揚，只要正確的對待他人，自己才會快樂。追名逐利的心，凡人都有。如果你比別人聰明，但不要告訴人家你比他聰明。如果你想得到什麼，或證明什麼，不必讓任何人知道，努力去做就可以。這樣一來，你才能尊重他人，完成自我。

【經典案例】

富蘭克林年輕時，意氣風發，不知收斂。有一次，他的一位教會朋友突然把他拉到一旁，教訓他一頓，這個教訓給他改變一生的啟示：

「富蘭克林！你這個人真是不可理喻，當你提出與人相左的意見時，措辭總是那麼強硬，這種話別人是聽不進去的。有朝一日，你的朋友都將離你而去。事實上，你懂得確實很多，別人根本無法辯得贏你，他們會因此更懶得與你交談。如此一來，你的知識，將永遠止於你的個人所學，你不懂得集思廣益，最後將會變得非常貧乏和空洞。」

班傑明・富蘭克林一生所做最值得稱道的事情，莫過於冷靜的接受這位朋友的訓誡。如果不是大智之人，不會有這種勇氣認錯而改變自己，否則他又豈能躲開失敗的命運？

「我自己訂了一個規則，」富蘭克林說：「永遠不正面違背別人的意見，同時也絕對不固執己見。我甚至不允許自己使用任何過於強烈的用詞，例如：『絕對』、『毋庸置疑』、『千真萬確』，而只用『我想』、『據我瞭解』、『我推測』等較緩和的語氣來陳述自己的意見。當別人發表了我認為不對的觀點時，我第一個反應就是先制止自己當面駁斥的衝動，然後才舉出對方觀點中一些值得商榷的地方。我會說他的觀點，在某些特定場合下可能正確，但卻不能應用於眼前的狀況。很快的，我就感受到這種態度轉變所帶來的好處，我在與人交換意見時，氣氛變得比以往融洽許多，我提出意見時的態度越謙和，受到的反對意見也越少，同時也變得較容易規勸別人放棄錯誤的成見，接受正確的建議。」

「這種做法，剛開始的時候確實非常艱難，但是久而久之，就習慣成自然，變得得心應手。回顧五十年來，我確實從未發表任何措辭強硬的論斷，而這種謙和的態度，卻使我在議會裡受到普遍的支持。我的演說能力不是很好，根本談不上口若懸河，但是我的主張卻還是可以得到通過。」

富蘭克林用他一生的經驗告訴我們，保持謙和的態度，做事就會無往不利。

大多數人都犯過武斷和偏執的錯誤，都具有固執、嫉妒、猜疑、恐懼、傲慢的人性弱點。

當我們犯錯的時候，也許會在心裡承認。假如別人的態度溫和一些，或是做一些友善的處理，我們也會向他們認錯，甚至表現出自己久違的坦白。但是假如對方有意讓你難堪，情況就會截然不同。

現在你應該明白，如果你指出別人的錯誤過於直率，再好的意見也不會被人接受，甚至會產生很大的反抗情緒。你剝奪別人的自尊，也會讓自己成為一場討論中最不受歡迎的人。

如果非要與人發生對立，也要運用一點技巧。我們都喜歡按照自己的意願購買東西，或是照自己的意念行事，我們喜歡別人徵詢我們的需求和意見，而不願意受人強迫和支配。同樣的，別人也不希望受他人管制。

即使你知識淵博，也應該謙虛一些，尊重別人的意見，用謙和的態度來商討問題，不要自以為聰明，讓自己處於不利地位。

物而不物，故能物物

【語譯】

支配物而不被物所役使，所以能夠主宰天下萬物。

【原文釋評】

莊子認為，做人不用太聰明，笨拙的人往往能取得成功。真正聰明的人，你看不出他是如何聰明，如果一個人太有心機會讓人覺得陰險，誰也不喜歡。相反的，笨拙的人會讓人覺得可愛，有時候反而會獲得喜愛。

在生活中，很多人都感覺自己做事很笨，因而很自卑，認為自己做不成什麼大事。事實上，這種想法是不對的。許多取得偉大成就的人，並非都是因為天生聰明，而是因為後天的勤奮和不懈的努力。

【經典案例】

霍默天生笨拙，他的大學導師威爾先生對此早有評價。威爾先生最欣賞的一句話就是「勤能補拙」，他評價一個人勤奮往往就暗示這個人是笨拙的，因為他經常說，勤奮的品格是上帝給笨拙的人的一種補償。就在大學畢業這一年，霍默接受威爾先生的推薦到安東律師事務所應試。這是倫敦最著名的一家律師事務所，很多日後成名的大律師都是在這家事務所裡接受起初的訓練而走上成功之路。

臨出門前，母親告誡霍默要學得更聰明，不要呆頭呆腦被人看作是一個傻子，霍默輕聲說：「我會做好的，請放心吧！」實際上，直到霍默邁進事務所的大門，心裡還是一片茫然，怎樣做才算聰明？

來應試的人很多，他們看起來很精明。霍默努力讓自己面帶微笑，用眼睛去捕捉監考人員的眼神。他認為這樣也許能給他們留下機靈的印象，對錄用會大有幫助。但是這一切都毫無用處，他們表情嚴肅，忙著把一大堆資料分給應試者，甚至不說一句話。

資料是很多複雜的原始記錄和相關案例法規，要求在適當的時間裡整理出一份盡可能詳盡的案情報告，其中包括對原始記錄的分析，對相關案例的有效引證，以及對相關法規的解釋和運用。

這是一種很枯燥的工作，需要耐心和細心。威爾先生曾經詳細講解過從事這種工作所需要的規則，並且指出，這種工作是一個優秀律師必須出色完成的。霍默周圍的人看起來都很自信，他們很快就投入到起草報告的工作中。

霍默卻在翻閱這些資料時陷入困境，在他看來，原始記錄一片混亂，並且與某些案例和法規毫無關聯，需要首先把它們一一甄別，然後才能正式起草報告。時間在一分一秒的流逝，霍默的工作進展得十分緩慢，他不知道要求中所說的「適當的時間」到底指一個小時還是兩個小時。霍默發現，如果讓他完成報告可能至少要一個晚上。可是周圍已經有人完成報告交卷，他們與監考人員輕聲的交談聲，幾乎使霍默陷入絕望。越來越多的人交卷，他們聚集在門口，等待所有人完成考試以後聽取事務所方面關於下一步考試的安排。

當時，霍默也認為安東事務所的考試不會只有這一項，他們一起議論考試的嗡嗡聲促使屋子裡剩下的人都加快了速度。只有霍默，腦子裡一遍又一遍的想著母親的忠告：「要學得更聰明。」可是怎麼才能更聰明？霍默覺得自己幾乎做不下去了。終於，屋子裡只剩下霍默一個人面對著只完成不到一半的報告發呆。一個男人走過來，拿起霍默的報告看了一會兒，然後告訴霍默：「你可以把資料拿回去繼續寫完它。」

霍默抱著一大堆資料走到那一群人中間，他們看著他，眼睛裡含著嘲諷的笑意。霍默知道，在他們看來，自己是唯一一個要把資料抱回家去完成的十足傻子。

安東事務所的考試只有這一項，這一點出乎應試者們的意料之外。母親對霍默熬夜工作沒有表示過分的驚訝，她可能認為霍默肯定會接受她的忠告，已經足夠聰明了。霍默卻要不斷的克服沮喪情緒說服自己完成報告，並在第二天送到事務所。

事務所裡一片忙碌，同一個男人接待霍默，他自我介紹說是安東事務所的主持人。他仔細翻閱霍默的報告，然後又詢問他的身體狀況和家庭情況。

這段時間裡，霍默窘迫的不知所措，回答問話時顯得語無倫次。但是在最後，那個男人站起來向霍默伸出手，並且說：「恭喜你，年輕人，你是唯一被錄取的人，我們不需要耍小聰明的報告，我們要的是盡可能詳細的報告。」

霍默興奮的快暈倒了，他想回家告訴母親，他成功了，但他並沒有學會聰明。霍默的成功正來自於「不聰明」的踏實與執著。

笨人雖然笨，卻可以取得別人得不到的成績，笨人雖然笨，卻可以享受到別人享受不到的快樂，是真笨還是假笨？只有他自己知道。

處世乖巧者必定是庸人，這是莊子對世人的忠告。

古之存身者，不以辯飾知，不以知窮天下

【語譯】

古時候善於保存自身的人，不用辨說來巧飾智慧，不用智巧來使天下人窘迫。

【原文釋評】

莊子認為，想要保護自己就不要靠辯說和智巧來使他人窘迫，要懂得尊重他人。

在我們的周圍，有些人很聰明，但更喜歡爭辯，以顯示自己是一個有想法而且勝於別人的人，無論別人說什麼，他總要加以反駁，其實他自己一點主見也沒有。當你說「是」的時候，他一定要說「否」，當你說「否」的時候，他又說「是」。每件事情要佔上風，實際上卻已經佔下風。

即使你真的聰明，也不應該以這種態度和別人說話。你不為對方留一點面子，非把他逼得無路可走才心滿意足，甚至讓人無話可說，達到心理上的滿足。這種不良習慣使你自絕於朋友和同事；沒有人願意給你提意見或建議，更不敢向你提任何忠告。唯一改善的方法是養成尊重別人的習慣，首先你要明白，在日常談論中，你的意見未必是正確的，別人的意見未必就是錯誤的。你為什麼每次都要反駁別人？

別人和你談話，他根本沒有準備請你說教，大家只是在說笑。你如果要自作聰明，提出更高超的見解，對方也不會接受。所以，你不要總是露出要教訓別人的模樣。

當你的同事向你提出建議時，你如果不能立刻表示贊同，但起碼要表示可以考慮，不可以立刻反駁。假如你的朋友和你聊天，你更應該注意，太多的執拗會把有趣的談話變得枯燥乏味，甚至不歡而散。

如果別人真的犯錯，又不肯接受批評或勸告時，你也不要急於求成，不妨退後一步，把時間延長一些再談，否則大家固執己見不僅不能解決問題，反而傷害感情。

因此，最聰明的做法就是表現的謙虛一些，尊重別人的想法，隨時考慮別人的意見，不要做一個固執的人，而應讓人們都覺得你是一個可以交談的人。

其實，當你聽到別人的意見和你一樣時，你要立刻表示贊同。不要以為這樣做會被人認為你是隨聲附和，因而就不吭聲。不吭聲，雖然不會被人誤解為隨聲附和，卻也容易使人認為你不同意。

同樣的，當你聽到別人的意見和自己不一致時，你也要立刻表示什麼地方不同意，為什麼不同意，不要以為這樣會傷害彼此的感情而不吭聲，否則只會加深彼此的誤解。用適合的言語表達自己的想法，以平和的心態對待萬物，不需要太強勢，你會變得更聰明。

形勞而不休則弊，精用而不已則勞

【語譯】

形體勞累而不休息，就會疲乏不堪。精力使用過度而不停歇，就會元氣勞損而精力枯竭。

【原文釋評】

莊子認為，人不可以讓自己太過於疲勞，否則就會承受不住，做人也應該如此，何必每件事情都好勝，退一步更會海闊天空。

好勝心會讓你處於積極的狀態之中，無理也會變成有理，得理就容易不饒人。如果你想獲得更好的人緣，不如成全別人的好勝心，偶爾暴露一些無關緊要的小毛病。

學生對新來的老師感到有些好奇和畏懼，因此這位老師故意在課堂上說：「我的字寫得不好看，小學時我的書法都不及格，因此我特別害怕在黑板上寫字。」以此博得學生一笑，為的是很快的縮短師生之間的距離。有時候，他也會說：「如何，我的領帶漂亮嗎？」學生就會暗暗在心裡想：「這個老師真有趣，竟然注意一些小事，可見老師也是凡人。」學生的心情立刻放鬆了，就產生親切感，老師的教學也變得很順利。

與有自卑心理和戒備心的人初見面時的談話是很困難的，尤其在社會地位有差距時，對方在居下的位置上，心中會有膽怯感。此時對方心理上容易築起一堵牆，首先讓對方樹立「自己不比別人差」的觀念，這一點很重要。

每個人都有自尊心，每個人都有好勝心，如果要聯繫感情，應該維護對方的自尊心，因為要重視對方的自尊心，必須隱藏你自己的好勝心，成全對方的好勝心，表面上對方勝利了，實際上卻是你勝了。

例如：對方與你有相同性質的某種特長，參加比賽，你必須讓他一步，即使對方的技術贏不過你，你也要讓對方獲得勝利。但是不斷退讓，就無法表現出你的真實本領，也許會使對方誤認你的技術不太高明，反而引起無足輕重的心理。

你與他比賽的時候，應該施展你的相當本領，先造成一個均勢之局，使對方知道你不是一個弱者，進一步再施小技，把他逼得很緊，使他神情緊張，才知道你是一個好對手，再一步，故意留個破綻，讓他突圍而出，從劣勢轉為均勢，從均勢轉為優勢，結果把最後的勝利讓於對方。對方得到這個勝利，不僅耗費許多心力而且危而復安，精神一定十分愉快，對你也有敬佩之心。

破綻要在自然之中，千萬不要讓對方明白這是你故意使他勝利，否則就覺得你虛偽。所面臨的難題，是起初你還能以理智自持，比賽到後來，感情一時衝動，好勝心勃發，不肯再做讓步，也是常有的事。或是在有意無意之間，無論在神情上、在語氣上、在舉止上，不免流露出故意讓步的意思，就會前功盡棄。

生活中經常有些人，無理爭三分，得理不讓人。相反的，有些人得理也讓人三分，顯得柔順，具有君子風度。假如是重大的或重要的是非問題，自然就不應該讓步，應該據理力爭。但是日常生活中，往往經常為一些非原則問題和雞毛蒜皮的小事爭得不亦樂乎，以至於非要決一雌雄才算甘休。

爭強好勝者未必掌握真理，謙下的人原本就把出人頭地看得很淡，更不用說一點小是小非的爭論，根本不值得爭辯。你如果有理，卻表現得謙遜，往往能顯示出一個人的胸襟之坦蕩和修養之深厚。所以，做事應該得理也讓人，這樣才能讓生活順心。

彼正而蒙己德，德則不冒

【語譯】

各人自我端正而斂藏自己的德性，斂藏自己的德行而不冒犯別人。

【原文釋評】

莊子認為，無論德行有多高，都應該收斂，不去冒犯他人，這樣才能做好自己，廣結朋友。

做人不可以驕傲自滿，有了成績就不可一世，眼中容不得任何人，這樣會成為人們攻擊的對象，放低身段也是一種好辦法，有時候會逢凶化吉。

【經典案例】

「指揮皆上將，談論半儒生」的徐達，出生於濠州（今安徽鳳陽）一個農家，兒時曾經與朱元璋一起放過牛。在其戎馬一生中，有勇有謀，用兵持重，為明朝的創建和中國的統一立下赫赫戰功，是中國歷史上著名的謀將帥才，深得朱元璋寵愛。

但是這位戰功赫赫的人，卻從來不居功自傲，一直低調做人。徐達每年春天掛帥出征，暮冬之際還朝，回來後立即將帥印交還，回到家裡過著極為儉樸的生活。照理說，交情至深，而且戰功赫赫，甚至朱元璋還將自己的次女許配給他家，完全可以「享清福」。朱元璋也在私下對他說：「徐達兄建立了蓋世奇功，從未好好的休息，我就把過去的舊宅邸賜給你，讓你好好享幾年清福吧！」徐達就是不肯接受。萬般無奈的朱元璋請徐達到這些府邸飲酒，將其灌醉，然後蒙上被子，親自將其抬到床上睡下。徐達半夜酒醒問周圍的人自己住的是什麼地方，內傳說：「這是舊王府內。」徐達大吃一驚，連忙跳下床，趴在地上自呼死罪。朱元璋見其如此謙恭，心裡十分高興，於是下令在此舊宅邸前修建一所宅第，門前立一牌匾，並親書「大功」二字。

徐達功高不驕，還表現在他好學不倦和嚴於律己的品格上。放牛出身的徐達，少年無讀書機會，但是他十分好學，虛心求教，每次出征都攜帶大量書籍，一有時間就仔細研讀，掌握淵博的軍事理論。因此每每臨陣指揮，莫不料敵如神，進退有據，而且每戰必勝，令人折服。

身為統帥的徐達，還能放下身段，處處與士兵同甘共苦。遇到軍糧不濟，士兵未飽，他也不飲不食；紮營未定，他也不進帳休息；士卒傷殘有病，他親自慰問，給藥治療。如果遇上士卒犧牲，他更是重視而籌棺木葬之，將士對他無不感激和尊敬。

本來可以聲色犬馬的徐達，卻平生無聲色酒賭之好，「婦女無所愛，財寶無所取，中正無疵，昭明乎日月」。朱元璋賜予他一片沙洲，由於正處於農民水路必經之地，家臣以此擅謀其利，徐達知道後，立即將此地上繳官府，「其無私欲，持大節類如此」。

徐達為人處世清淡，無論做出多大貢獻，也不邀功，也不要賞賜，因為他懂得在做人時，不管官有多大，功勞有多高，都不可強出頭，所以他才會得善終，如果他和韓信一般，得志就張狂，朱元璋也會將其殺之。

西元一三八五年，徐達病逝於南京。朱元璋為之停朝，悲慟不已，追封為中山王，並將其肖像陳列於功臣廟第一位，稱之為「開國功臣第一」。

人處於世，身邊隨時會有危險而我們卻經常不會預知，放低身段做人，不失為一種自我保護的方法，這樣既保全自己，又成全他人。

大巧若拙

【語譯】

最大的智巧就像笨拙一樣。

【原文釋評】

莊子認為，最聰明的人不是那些讓別人覺得十分聰明的人，而是那些看起來比較笨拙的人。生活中，聰明的人往往不顯露，職場中真正的聰明者也不是實話實說。職場上的商業談判需要技巧，往往虛中有實，出奇制勝。

【經典案例】

日本某公司與美國某公司進行一次技術合作談判，日本公司與美國公司採取兩種不同的談判方式。談判開始，美方首席代表就拿著各種技術資料、談判專案、開銷費用等一大堆資料，滔滔不絕的發表自己的意見，完全不顧日本公司代表的意見。日本公司代表則一言不發，仔細聆聽並埋頭記錄。當美方講了幾個小時之後，徵詢日本公司代表的意見時，日本公司代表此刻顯得一無所知，反覆的說：「我們不明白」、

「我們沒有做好準備」、「請給我們一些時間回去準備」，第一次談判就這樣結束了。

幾個月後，第二輪談判開始了，日本公司以上次談判團不稱職為由，撤換了上次的談判代表團，另派代表團到美國談判。他們全然不知上次談判中的結果，一切如同上次談判一樣，日本人顯得在這個談判會議中準備不足，最終還是日本公司以研究為名結束第二次談判。

幾個月後，日本公司又如法炮製了第三次談判。美國公司老闆大為惱火，認為日本人沒有誠意，輕視自己公司的技術和人員，於是就下了最後通牒：如果半年後日本公司仍然如此，兩國公司的合作將被迫取消。隨後，美國公司解散談判團，封存所有的技術資料，以逸待勞，等待至少半年後的最後一次談判。

沒想到，幾天以後日本派出由前幾批談判團的首要人物組成的龐大談判團飛抵美國，美國公司在驚愕之中倉促上陣，匆忙將原來的談判團成員召集起來。這次談判，日本人一反常態，他們帶來大量可靠的資料，對技術、合作分配、人員、物品等一切有關事項都做了相當精細的策劃，並將協議書的擬稿交給美方代表簽字。美國人困惑了，最後勉強簽字，其中所規定的某些條款明顯傾向於日方。日本人是在瞭解美方的意圖後，一鼓作氣制定了詳細的方案，趁美國人放鬆警惕的時候，突然出擊，取得決定性的勝利。

巴斯四兄弟是美國沃斯堡市的億萬富翁，他們是談判的高手，他們經常施展計謀，玩弄花招，使對方放棄抬高價格的想法，掌握談判的主動權。

一九八一年，巴斯兄弟想買下即將破產的皮爾公司。他們對皮爾公司非常感興趣，但是他們壓抑迫不及待成交的心情，在談判時對皮爾公司的董事們說：「對你們的公司，我們很想擁有，遺憾的是我們只能出到這個價格。我想，你們在其他的地方或許能找到更好的買主。」

接著，巴斯兄弟將對皮爾公司可能感興趣的投標者名字告訴他們。最後，巴斯兄弟說：「如果你們和其他投標者談判破裂而沒有其他選擇，就回頭找我們。」

結果，巴斯兄弟如願以償，這筆生意按照他們的設想成功了。巴斯兄弟事後對朋友說：「談判時不要把迫不及待的心情溢於言表，而是要裝出漫不經心的模樣。做生意就像追女人，當你追她時，她會揚長而去；當你後退時，她卻會跟著你走。」

彼聖人者，天下之利器也，非所以明天下也

【語譯】

那些聖人之道，就是治理天下的利器，不可以拿來顯示於天下。

【原文釋評】

莊子認為，國君用來治理天下的利器，不能隨便讓他人知道，這樣才能統治好天下人。因此，聰明的人善於掩飾自己的真能力，而暴露小缺點。

【經典案例】

呂端是宋太宗年間的宰相，此人學士出身，雖然經歷五代末期的天下戰亂，人情歷練不少，但還是滿身讀書人的呆氣，似乎是一個十足的糊塗宰相。有人為此說呂端糊塗，可是宋太宗趙光義卻偏偏認為他小事糊塗，大事不糊塗，決定任命他為宰相。後來趙光義病重，宣政使王繼恩害怕太子趙恆英明，做了皇帝以後會對他們這一黨不利，於是串通參知政事李昌齡和都指揮使李繼勛，密謀廢掉太子，改立楚王為太子。此時，呂端到宮中看望趙光義，呂端發現太子卻不在旁邊，懷疑事情有變，就在手板上寫了「大漸」

二字，讓心腹拿著趕快去催太子盡快到趙光義的身邊，這個「漸」字的意思就是告訴太子，皇帝已經病危了，趕緊入宮侍候。等到趙光義死後，皇后讓王繼恩宣召呂端，商議立誰為皇帝。呂端聽後知道事情不妙，他就讓王繼恩到書房去拿太宗臨終前賜給他的親筆遺詔，王繼恩不知是計，一進書房就被呂端鎖在房中。這個時候，呂端就飛快來到宮中。

皇后說：「皇上去世，長子繼位才合情理，現在應該怎麼辦？」意思很明顯，想立長子趙元佐。呂端立即反駁：「先帝既立太子，就是不想讓元佐繼承王位，現在先帝剛駕崩，我們怎麼可以立即更改聖命？」皇后聽了無話可說，心裡只有認了。

事情到了這個地步，呂端仍然不放心，太子即位時，呂端在殿下站著不拜，請求把簾子掛起來，自己上殿看清楚，認出是原先的太子，然後才走下台階，率領大臣們高呼萬歲。

呂端事先能明察陰謀，有所防範；事中能果斷決策，出奇策擊破奸主；事後又能眼見為憑，不被迷惑，不僅明智，實在是功夫老到。在皇位繼承的關鍵問題上，呂端的「小事糊塗，大事精明」表現得淋漓盡致。

我們說「小糊塗，大精明」是成大事的智慧，如果是「小事精明，大事糊塗」，那就糟了。

石達開是太平天國首批封王中最年輕的軍事將領，太平天國建都南京後，他和楊秀清與韋昌輝同為洪秀全的重要輔臣。在天京事變中，他支持洪秀全平定叛亂，成為洪秀全的首輔大臣。之後，洪秀全隱居深宮，將朝政全權委託給無能的洪氏兄弟，以牽制石達開，衝突日益激化。

從當時的情形看，解決衝突的最好辦法是誅洪自代，形勢的發展需要石達開那樣的新的領袖。但是石達開儘管在戰場上戰無不勝，在為人處世的經驗上卻遠遠不足，他患得患失，斤斤計較，滿口仁慈信義，害怕落個「弒君」的罵名，這就決定他不可能成就大事業。

一八五七年六月二日，他選擇率部出走，認為這樣既可繼續打著太平天國的旗號進行從事推翻清朝的活動，又可以避開和洪秀全的衝突。

石達開率大軍到安慶後，如果按照他原來「分而不裂」的初衷，本可以安慶作為根據地，向周圍擴充，在鄂、皖、贛打出自己的地盤。安慶離南京不遠，還可以互為聲援，減輕清軍對天京的壓力，又不失去石達開原在天京軍民心目中的地位，這是石達開可以做得到的。但是，石達開卻沒有這樣去做，而是決心和洪秀全分道揚鑣，徹底決裂，捨近而求遠，去四川自立門戶。

石達開大事糊塗，致使決策錯誤，所以他雖然擁有二十萬大軍，英勇轉戰江西、浙江、福建等十二個省，震撼半個南中國，歷時七年，表現出高度的韌性，但最後還是免不了一敗塗地。

一八六三年六月十一日，石達開部被清軍圍困在利濟堡，謀士獻策決一死戰，而軍輔曾仕和則獻詐降計，石達開接受了詐降。他想用自己一人之生命換取全軍的安全，這又是他的決策失誤，再次在大事上糊塗。當軍中部屬知道主帥「決降，多自潰敗」，已潰不成軍了。此時，清軍又採取措施，把石達開及其部屬押送過河，把他和兩千多名解甲的將士分開。這個舉動，使石達開猛然醒悟，他察覺到詐降計拙，暗自悔恨。

石達開被押過河後，「捨命全己軍」的幻想已經徹底破滅。此後的表現也十分堅強，清將駱秉章對他實行勸降，石達開嚴詞以對：「吾來乞死，兼為士卒請命。」然而，已經於事無補。

回顧石達開的失敗，主要是人事決策的錯誤，大事糊塗，其根源是他對分裂後的前途缺乏信心，因為太平天國能打仗的名將幾乎都不回應石達開的出走。石達開邀英王和忠王一起行動都被拒絕，賴漢英、黃文金、林啟榮等戰將也不願意跟著他出走。此外，石達開出走的目的不明確，政治上和軍事上都沒有魄力提出新的構想和謀略，只是消極的長年流動作戰。他想用不分幟來表示他對天國的忠心，但他出走的實際行動卻是十足的分裂。這種不分幟、不降清、不倒戈的「忠義」形象和他出走天京的實際行動大相逕庭，這種拖泥帶水和患得患失的行動，決定石達開日後的失敗。

所謂「水至清則無魚」，不是可以隨波逐流，不講原則，而是對於那些無關大局的小事，不應該過於認真，對那些事關重大和原則性的是非問題，不可隨便套用這個原則。漢代政治家賈誼說：「大人物都不拘細節，進而才能成就大事業。」

第十一章：君子之交，淡如水

「有朋自遠方來，不亦樂乎」，你千萬不要高興得太早。所謂君子之交，清淡如水，朋友之間的交往還是要講究一定的尺度，否則隨心所欲，不僅交不到新朋友，還會丟掉老朋友，既傷人又傷情。

傳其常情，無傳其溢言，則幾乎全

【語譯】

要傳達真實的言辭，不要傳達過甚的言辭，這樣就可以保全自己。

【原文釋評】

莊子認為，要保全自己，就要以誠待人，不要說過甚的言語，否則只會招來彼此的不愉快。每個人都有過失，所以在與人交往的時候，應該以誠相待，對別人的缺點不要當面指責。

俗話說：「打人不打臉，罵人不揭短。」《呻吟語》中說：「責人要含蓄」，意即在指責他人過失時，最好不要一次把心中想要說的話完全表達，這是從政治生涯中總結的名訓。《菜根譚》中也有「攻人之惡，毋太嚴」的教訓。

此外，《呻吟語》還指出：「指責他人之過，需要稍作保留。不要直接的攻擊，最好採用委婉暗示的譬喻，使對方自然的領悟，切忌露骨直言。」書中還說：「即使是父子關係，有時候挨了父親的罵，也會無法忍受而頂嘴，更何況是別人？」父子有血緣關係，無論如何不能割捨，但是朋友就有可能因為過激的言辭斷送友誼。不揭短，就是給別人和自己都留下退路。

《韓非子》中有云：「夫龍之為蟲也，柔可狎而騎，然其喉下有逆鱗徑尺，若人有嬰之者則必殺人。

人主亦有逆鱗，說者能無嬰人主之鱗，則幾矣！」

龍在溫馴的時候，人可以騎在牠的背上，如果你摸牠咽喉下直徑一尺逆生的鱗，牠必定會吃掉你。例如：人與人之間的交往，對方的短處就是逆鱗，你卻抓住這個加以苛責，必然會令對方感到無地自容，你就應該小心，總有一天有一支箭會射向你。因此，即使應該指責對方時，也要為其留一些退路。

與人爭辯時也是一樣，以嚴密的辯論將對方駁倒固然令人高興，但是未必要將對方批評得體無完膚。因為這樣做不僅對自己毫無好處，甚至有時候還會適得其反，不僅得不到對方的認可，有時候還會增加敵人。因此，當我們和他人發生摩擦時，首先要瞭解他的想法，然後在顧及對方顏面的前提下，陳述自己的意見，給對方留有餘地，這一點在處理人際關係時非常重要。

在人際交往中，想要應付自如，在這個方面就要留心。所謂「君子絕交，不出惡言」。在這個世界上，與人親密的交往時，必須誠意待人，即使交惡斷絕往來，也不可口出惡言，說對方的不是。只有這樣，你才能在不傷害他人的情況下保全自己。

菑人者，人必反菑之，若殆為人菑夫！

【語譯】

害人的人一定會被別人所害，你恐怕會被別人所害啊！

【原文釋評】

莊子認為，做人不可有害人之心，這樣才可以防備不被他人所害。人與人之間的交往是相互的，不要奢求他人的寬容，要讓自己首先學會寬容他人，只有這樣，你才能得到他人的寬容。

學會寬容，對於化解衝突，贏得友誼，保持家庭和睦和婚姻美滿，甚至事業的成功都是必要的。因此，在日常生活中，無論對誰都要有寬容的愛心。

法國十九世紀的文學大師雨果曾經說：「**世界上最寬闊的是海洋，比海洋寬闊的是天空，比天空更寬闊的是人的胸懷。**」此話不僅很浪漫，而且更具有現實意義。

【經典案例】

拿破崙在長期的軍旅生涯中養成寬容他人的美德。作為全軍統帥，批評士兵的事情經常發生，但是每次他都不會盛氣凌人，可以很好的照顧士兵的情緒。士兵往往對他的批評欣然接受，而且充滿對他的熱愛與感激之情，這大大增強他的軍隊的戰鬥力和凝聚力，成為歐洲大陸一支勁旅。

在征服義大利的一次戰鬥中，士兵們都很辛苦。拿破崙夜間巡崗查哨。在巡崗過程中，他發現一個站崗士兵倚著大樹睡著了。他沒有喊醒士兵，而是拿起槍替他站崗，大約過了半個小時，士兵從沉睡中醒來，他認出了自己的最高統帥，十分惶恐。

拿破崙卻不惱怒，他和藹的對士兵說：「朋友，這是你的槍，你們艱苦作戰，又走了那麼長的路，你打瞌睡是可以諒解和寬容的，但是目前，一時的疏忽就可能斷送全軍。我正好不睏，就替你站了一會兒，下次一定要小心。」

拿破崙沒有破口大罵，沒有大聲訓斥士兵，沒有擺出元帥的架子，而是以寬容的心，理解士兵的錯誤。有這樣大度的元帥，士兵怎能不英勇作戰？如果拿破崙不寬容士兵，後果只是增加士兵的反抗意識，喪失他在士兵中的威信，削弱軍隊的戰鬥力。

寬容是一種藝術，寬容別人不是懦弱，更不是無奈的舉措。在短暫的生命中學會寬容別人，可以使生活增加許多快樂，使人生更有意義。

因此，無論是陌生人，還是朋友、親戚、下屬……只要有一顆容他人之心，沒有害人之意，你收穫的也會是寬容和理解，平安與幸福。

於物無擇，與之俱往

【語譯】

對於事物不做主觀好惡的挑選，參與事物的變化活動。

【原文釋評】

莊子認為，對事情要靜觀其變，對於突來之事要冷靜看待，妥善處理。

真正的友情向來波瀾不驚，一如既往的保持一種溫度。但是有時候，許久不聯繫的朋友突然頻繁的打電話給你，這就需要警覺了。如果你和某個人只是普通朋友，雖然也一起吃過飯，但還談不上交情；如果你和某個人曾經是好友，但有一段時間未聯絡，感情似乎已經淡了，對於這種狀況，你要保持高度的警惕。因為這樣的人突然熱情，有可能是有求於你。

要分析這種「友情」是否含有「企圖」不困難，首先是看看自己目前的狀況，是否握有資源，或是有權有勢？如果是，這個人有可能對你有企圖，想透過你得到一些好處；如果你無權也無勢，但是有錢，這個人也有可能會向你借錢，甚至騙錢；如果你無權無勢又無錢，沒什麼好讓別人求的，突然升高熱度的友情基本上沒有危險，但也有可能「項莊舞劍，意在沛公」，是想利用你來幫他做一些事情，例如：對你的親戚、朋友、家人有所求，你只是他過河的踏腳石。

從自己本身的狀況檢查突然升高熱度的友情真的有沒有「危險」之後，你的態度仍然要有所保留，因為這只是你的主觀認定，不一定正確，所以面對突然升高熱度的友情，你要做好以下準備：

不推不迎

「不推」是不回絕對方的「好意」，就算已經看出對方的企圖也不要立即回絕，否則很可能得罪對方。但是也不能迫不及待似的迎上去，因為這樣會讓你抽身不得，抽身以後又得罪對方，把自己變得很被動。就像男女談戀愛，回應得太熱烈，有時候會讓自己迷失，如果突然斬斷「情絲」，則會惹惱對方。

冷眼以觀

「冷眼」是指不動情，因為一動情就會失去判斷的準確性，此時不如冷靜的觀看他到底在玩什麼把戲，並且做好防禦，避免措手不及。一般來說，對方如果對你有所圖，都會在一段時間之後就「圖窮匕現」，顯現他的真正目的，他不會跟你長時間耗下去的。

禮尚往來

對這種友情，你要「投桃報李」。他請你吃飯，你送他禮物；他幫你忙，你也要有所回報，否則他如果對你有所圖，你會「吃人嘴軟，拿人手短」，被他牢牢的控制，想要臨事脫逃，恐怕沒那麼容易。

做人不能沒有提防之心，就像前人所說，防人之心不可無，如果本來不親密的朋友，突然變得熱絡，就應該提高警覺，小心謹慎，不要讓自己陷入不利地位。

其作始也簡，其將畢也必巨

【語譯】

剛開始的時候很單純，到後來就變得艱難。

【原文釋評】

莊子認為，任何事情在剛開始的時候都是單純的，但是隨著時間的推移和認識的加深，就會變得越來越複雜。

「友誼之樹常青」的最好辦法就是親疏有度，如果破壞友誼之船，就會逆向而行。

【經典案例】

西方有一種「刺蝟理論」：刺蝟渾身長滿針狀的刺，天氣一冷，牠們就會彼此靠近，湊在一起。但是仔細觀察以後，發現牠們之間卻始終保持一定的距離。原來，距離太近，牠們身上的刺就會刺傷對方；距離太遠，牠們又會感到寒冷。只有若即若離，距離適當，才可以保持理想的溫度，又不會傷害對方。

一般來講，人與人密切相處不是一件壞事，但是任何事情都不能過分，過分就會走向極端。俗話說：「過儉則吝，過讓則卑」，就是這個道理。在現實生活中，這種「親則疏」的現象較為普遍。因此，朋友之間不可以過於親密，上下級之間不可以過於親密，否則就會造成彼此的傷害。

「刺蝟理論」也顯示，距離太遠，就會感到寒冷。人際交往不可過於親密，但也不能過於疏遠。有些人自命清高而目中無人，與任何人都不來往；有些人消極的認為世間險惡，交際虛偽，企圖尋求一個世外桃源來隔絕人世塵緣，不願意與外界接觸。這樣一來，自己就會感到孤獨，甚至會留下終身遺憾。

在人們日常交往中，交際雙方表現出過分的親密或糾纏不清，有時候也會讓人感到不自在。在這種情況下，不妨採取迴避的辦法，可以獲得獨特的功效。

■ 當你和主管過分熱絡時，「迴避」可讓你知曉你在主管心中的地位。在一個公司裡，上下級之間除了工作關係，也有個人感情。隨著工作的改變、地位的升降，人們的思想也在不斷的變化，「試探」自己在主管心中的地位，不必採用調離的方式，暫時「迴避」也有一定的效果。如果主管對你依然的器重，就會立刻表現出來。

■ 當你和別人爭執不下時，「迴避」能免去不必要的情感傷害。此時不必針鋒相對，適度的「迴避」一定能使你們有所清醒，問題也就容易解決。

■ 當你被別人誤會時，「迴避」更能顯示你的寬容。生活和工作中被人誤會的事情經常會發生，心胸狹窄者往往會把別人的無意看成故意，甚至把好心也視為惡意。作為被誤會的一方，大可不必當面斥責人家「狗咬呂洞賓，不識好人心」，也不必立刻和人家「斷交」。不妨先把道理說清楚，然後暫時「迴避」，看看對方的反應。如果他有認識錯誤的跡象，你再和他「恢復關係」，經過波折得來的友誼，一定比從前更牢固。

「刺蝟理論」中的相處適度原則道出待人處世的真諦，要達到上述境界，必須做到以下四個原則：一是「不卑不亢」做人，二是「不歪不斜」立身，三是「不偏不倚」做事，四是「不親不疏」交友。不親不疏和「迴避」，絕對不是要人們在待人處世中退而遠之，避而躲之。

會於仁而不恃，薄於義而不積

【語譯】

符合仁義的要求但是不依靠，靠近道義但是不積不留。

【原文釋評】

莊子認為，雖然人與人相親相愛，但不要互相依靠，彼此之間應該保有一段距離。朋友之間建立一份真誠的友誼，不僅美好而且難得。如果能保持這份友好的情誼，並且能夠經受風雨的吹打，就更讓人覺得幸福。

友情需要保持適度的距離，才可以保持永久。

人一輩子都在不斷的交新的朋友，但新的朋友未必比老的朋友好，失去友情更是人生的損失，因此好朋友一定要「保持距離」！

交友的過程往往是一個彼此氣質相互吸引的過程，因此你們有共同的「東西」，所以就會立刻越過鴻溝而成為好朋友，甚至「一見如故，相見恨晚」。這個現象無論是異性或同性都一樣。但再怎麼相互吸引，雙方還是有些差異的，因為彼此來自不同的環境，受不同的教育，有不同的人生觀和價值觀。當二人的「蜜月期」一過，無可避免的要碰觸彼此的差異，於是從尊重對方開始變成容忍對方，到最後成為要求對方！要求不能如願，就開始有挑剔和批評，最終結束友誼。

很奇妙的是，好朋友的感情和夫妻的感情很類似，一件小事也有可能造成感情的破裂。所以，如果有「好朋友」，與其太接近而彼此傷害，不如「保持距離」，以免碰撞！

如何才可以「保持距離」？簡單的說，就是不要太過親密，一天到晚在一起。能「保持距離」就會產生「禮」，尊重對方，「禮」就是防止對方碰撞而產生傷害的「海綿」。

朋友相處，重要的是雙方在感情上的相互理解和遇到困難時的互相幫助，而不是瞭解一些沒有必要的事物。有些人為了表示自己對朋友的信任，把自己的一切情況全盤托出，這種做法是一種輕視自己的行為，如果你所結交的朋友是一個值得信賴、品行端正的人，可以說是你的幸運，萬一對方是居心不良又懷有歹意而你沒有識破的人，情況就會使你傷透腦筋。

如果對方已開始打你的主意，你的這種草率做法很可能是在為對方的行動創造有利條件。一個人的行為習慣，經常出入的地點，某些專門活動和個人隱私等，均屬於個人秘密，對方不是知己，是不能輕易告訴他人的，即使是你的朋友也是如此。

如果你的朋友是一個知情達理的人，他必定會勸告你和開導你，勸說你不要隨便議論他人。如果你的朋友是一個惹是生非的人，很有可能把你的話傳給被你議論的人，引起對方的怨恨。如果你的朋友用心不良，還會誇大事實，添油加醋，有意挑起衝突，很有可能使你在朋友中處於十分尷尬的境地，嚴重的還會釀成大禍。

有些人把朋友看得比什麼都重要，毫無防備之心，說什麼他都不會計較，就對他當面訴說你對他的不滿。也許你的朋友不像你想像的那麼大度，很有可能會記恨在心，伺機暗中設下圈套陷害你。因此，你在坦言之前，最好認真思考這樣做的後果，看對方是否能夠接受，是否會產生反抗心理，是否感到你的行為過於輕率，是否會影響到你們之間的友誼。當你發現對方心胸比較狹窄的時候，你就要小心謹慎。

常言道：「逢人只說三分話，未可全拋一片心。」在結交朋友的時候，不要總是相信對方的友誼。如果對方是一個別有用心又居心不良的人，友情隨時可能被玷污。因此，你必須謹慎行事，多設幾道防線，預防「朋友」布下的陷阱，以免自己受到不必要的傷害。

甚矣，夫好知之亂天下也

【語譯】

太過分了，喜歡追求智巧而擾亂天下啊！

【原文釋評】

莊子認為，任何事情都不可以超過它原有的範圍，否則太過了，只會招來不必要的麻煩。

要處理人際關係，應該隨時記住這個真理，例如：坦誠、熱情、謙遜、活潑、謹慎，都是待人之道的必不可缺的品格。然而，同樣也有一個「度」的問題，即要注意掌握分寸，盡量做到恰到好處，否則就容易失度，進而影響人際交往。對於「度」的把握，以下有幾點建議，可供參考：

坦誠但是要適度

所謂坦誠，必須要注意適度原則，要講求效果。朋友之間，「胸無芥蒂，無話不說」，雖然沒有什麼錯，但是坦誠也應該留有餘地。說話痛快當然無可非議，但是全盤托出就不好，注意留有餘地，必要的避諱還是需要的。有時候為了避免意外的發生，向當事者暫時保密，不吐露真情，也是人之常情，不宜把它和坦誠對立。

熱情但是不失控

人際交往，由於場合、年齡、性別、輩分以及交往深淺程度等方面的不同，熱情也應該有分寸上的區別。在公共場合，即使熟人或戀人相見，也不宜旁若無人，高聲縱情談笑，至於失度的親暱舉動更不相宜。同時，有人相託應該盡力而為，但是也應該權衡是非利弊。對於那些明顯不合情理，或是自己力不從心的委託，都應該婉言明白謝絕。同理，自己對與其交往的對方，也不宜提出不合情理的要求。

謙虛但是不做假

謙虛的品德對人際交往非常重要。一個自負、自傲的人，他的友誼必然少的可憐。這裡，謙遜須以坦誠為基礎，否則就難免陷入虛偽的泥沼，例如：討論問題時，自己有不同意見，為了表示謙遜而不明白說出，或是吞吞吐吐；對方批評自己時，當面唯唯稱是，背後卻又發牢騷。再者，還應劃清兩個界限。一個是謙遜與虛榮的界限，如果一個人故作謙遜姿態，以求得「謙遜」的美譽，就是虛榮的一種常見的表現。這種虛榮心如果被對方察覺，就容易失去友誼。二是謙遜與諂媚的界限，有些人在交際的時候喜歡向對方說一些言不由衷的話，認為這樣才顯得自己彬彬有禮，謙恭而有教養。相反的，過分溢美，幾近諂媚，有時候會產生相反的效果。

謹慎但是不拘謹

人們無論做什麼事，謹慎從事總是獲取成功的必要條件，處理人際關係，自然不能例外。在人們面前手足無措、忸怩拘謹，既有礙觀瞻，也不利交際。應該說的話不說，能夠做的事不做，就不是謹慎而是怯懦。拘謹與忸怩貌似謹慎，實則是怯懦。在交際過程中，不應該把儀態的落落大方和言行的謹慎持重對立，否則一身的「小家子氣」，誰還喜歡和你打交道？

活潑但是不隨便

舉止活潑，談吐風趣幽默，往往是人際交往的致勝關鍵，也是交往深入的催化劑。但是切莫做過頭，否則就難免輕慢。我們的身邊可能都有這樣的人，他們不分場合，不擇對象，談話中總是插科打諢，有時候甚至在大庭廣眾之下，公然喊叫別人的綽號，開一些不適當的玩笑，不僅引起當事者的反感，連在場的其他人也覺得難堪，不知如何收場，這樣怎能收到活潑氣氛和融洽關係的預期效果？因而，我們絕對不能把庸俗當成幽默，否則這種所謂的「活潑」就將變成人際交往失敗的陷阱。

認真但是不挑剔

世界上本來就沒有完美無缺的人，如果你睜大雙眼看對方，總可以發現對方有許多弱點，如果以這種標準去尋找朋友，你就會對生活充滿失望。你的過分挑剔以及過分苛求，最終可能使你連一個朋友也找不到，或是你的朋友因為你過分睜大雙眼而對你敬而遠之。因此，只要你認為對方是一個真誠的人，即使他有某些與你格格不入的嗜好或其他經歷上所沒有的東西，也不必大加追究。友誼需要容忍和寬容，唯有如此，才能永遠保持你的友誼。

不苟於人，不忮於眾

【語譯】

對別人不苛求，對眾情不違逆。

【原文釋評】

莊子認為，對別人不可以有太多要求，人與人之間總有一定的交往限度，無論什麼關係，都不可以向對方要求太多，否則會引起彼此的不愉快。

作為朋友，救急不救窮，要求朋友「救窮」，是在透支朋友的資源。

「天有不測風雲，人有旦夕禍福」，人活在世上，總有需要別人幫忙的時候，但是無論是做事還是做人都不要透支任何資源。

一是要明白，需要別人幫忙是難免的，但誰又能幫別人一輩子，誰又能一輩子都靠別人幫忙？所以，懂生活的人不會每件事情都求朋友幫忙，養成依賴的習慣。

朋友不是你的影子，隨時隨地跟著你；朋友不是你的老師，發現你有錯誤就可以及時指出，有問必答；朋友不是你的父母，可以無私的包容你的一切。朋友能做的，是在你有困難而他們能幫得上忙時，伸手拉你一把。

請記住，朋友是一種資源，應該在最需要的時候用。這有兩重意思，一是指如何利用朋友資源，何時應該請求朋友的幫助；二是指應該如何幫助朋友，

朋友是一筆資源，可以使用卻不宜透支，朋友之間交往最現實和最常見的就是金錢問題。即使你們是很好的朋友，也不可以每件事情都向朋友求助，把朋友資源都透支。這樣的關係是很失敗的，它會損傷或粉碎你們好不容易建立的友誼。

寬容是一種藝術，寬容別人不是懦弱，更不是無奈的舉措。在短暫的生命中學會寬容別人，可以使生活增加許多快樂，使人生更有意義。

莊子

ZHUANG ZHOU

附錄：

《莊子・逍遙遊》

《莊子・齊物論》

莊子 南華經

逍遙遊

北冥有魚，其名為鯤。鯤之大，不知其幾千里也。化而為鳥，其名為鵬。鵬之背，不知其幾千里也；怒而飛，其翼若垂天之雲。是鳥也，海運則將徙於南冥。南冥者，天池也。

《齊諧》者，志怪者也。《諧》之言曰：「鵬之徙於南冥也，水擊三千里，摶扶搖而上者九萬里，去以六月息者也。」野馬也，塵埃也，生物之以息相吹也。天之蒼蒼，其正色邪？其遠而無所至極邪？其視下也，亦若是則已矣。

且夫水之積也不厚，則其負大舟也無力。覆杯水於坳堂之上，則芥為之舟；置杯焉則膠，水淺而舟大也。風之積也不厚，則其負大翼也無力。故九萬里，則風斯在下矣，而後乃今培風，背負青天而莫之夭閼者，而後乃今將圖南。

蜩與鷽鳩笑之曰：「我決起而飛，槍榆枋而止，時則不至而控於地而已矣，奚以之九萬里而南為？」適莽蒼者，三餐而反，腹猶果然；適百里者，宿舂糧；適千里者，三月聚糧。之二蟲又何知！

小知不及大知，小年不及大年。奚以知其然也？朝菌不知晦朔，蟪蛄不知春秋，此小年也。楚之南有冥靈者，以五百歲為春，五百歲為秋；上古有大椿者，以八千歲為春，以八千歲為秋，此大年也。而彭祖乃今以久特聞，眾人匹之，不亦悲乎！

湯之問棘也是已。湯之問棘曰：「上下四方有極乎？」棘曰：「無極之外，復無極也。窮髮之北有冥海者，天池也。有魚焉，其廣數千里，未有知其修者，其名為鯤。有鳥焉，其名為鵬，背若太山，翼若垂天之雲，搏扶搖羊角而上者九萬里，絕雲氣，負青天，然後圖南，且適南冥也。斥鴳笑之曰：『彼且奚適也？我騰躍而上，不過數仞而下，翱翔蓬蒿之間，此亦飛之至也。而彼且奚適也？』」此小大之辯也。

故夫知效一官，行比一鄉，德合一君，而徵一國者，其自視也亦若此矣。而宋榮子猶然笑之。且舉世而譽之而不加勸，舉世而非之而不加沮，定乎內外之分，辯乎榮辱之境，斯已矣。彼其於世，未數數然也。雖然，猶有未樹也。夫列子御風而行，泠然善也，旬有五日而後反。彼於致福者，未數數然也。此雖免乎行，猶有所待者也。若夫乘天地之正，而御六氣之辯，以遊無窮者，彼且惡乎待哉！故曰：至人無己，神人無功，聖人無名。

堯讓天下於許由，曰：「日月出矣而爝火不息，其於光也，不亦難乎！時雨降矣而猶浸灌，其於澤也，不亦勞乎！夫子立而天下治，而我猶尸之，吾自視缺然。請致天下。」

許由曰：「子治天下，天下既已治也，而我猶代子，吾將為名乎？名者，實之賓也，吾將為賓乎？鷦鷦鷯巢於深林，不過一枝；偃鼠飲河，不過滿腹。歸休乎君，予無所用天下為！庖人雖不治庖，尸祝不越樽俎而代之矣。」

肩吾問於連叔曰：「吾聞言於接輿，大而無當，往而不返。吾驚怖其言，猶河漢而無極也；大有逕庭，不近人情焉。」

連叔曰：「其言謂何哉？」

曰：「藐姑射之山，有神人居焉，肌膚若冰雪，綽約若處子。不食五穀，吸風飲露。乘雲氣，御飛龍，而遊乎四海之外。其神凝，使物不疵癘而年穀熟。吾以是狂而不信也。」

連叔曰：「然，瞽者無以與乎文章之觀，聾者無以與乎鐘鼓之聲。豈唯形骸有聾盲哉？夫知亦有之。是其言也，猶時汝也。之人也，之德也，將旁礴萬物以為一世蘄乎亂，孰弊弊焉以天下為事！之人也，物莫之傷，大浸稽天而不溺，大旱金石流土山焦而不熱。是其塵垢秕糠，將猶陶鑄堯舜者也，孰肯以物為事！」

宋人資章甫而適諸越，越人斷髮文身，無所用之。堯治天下之民，平海內之政，往見四子藐姑射之山，汾水之陽，窅然喪其天下焉。

惠子謂莊子曰：「魏王貽我大瓠之種，我樹之成而實五石，以盛水漿，其堅不能自舉也。剖之以為瓢，則瓠落無所容。非不呺然大也，吾為其無用而掊之。」

莊子曰：「夫子固拙於用大矣。宋人有善為不龜手之藥者，世世以洴澼絖為事。客聞之，請買其方百金。聚族而謀曰：『我世世為洴澼絖，不過數金；今一朝而鬻技百金，請與之。』客得之，以說吳王。越有難，吳王使之將。冬與越人水戰，大敗越人，裂地而封之。能不龜手，一也；或以封，或不免於洴澼絖，則所用之異也。今子有五石之瓠，何不慮以為大樽而浮乎江湖，而憂其瓠落無所容？則夫子猶有蓬之心也夫！」

惠子謂莊子曰：「吾有大樹，人謂之樗，其大本擁腫而不中繩墨，其小枝捲曲而不中規矩。立之塗，匠者不顧。今子之言，大而無用，眾所同去也。」

莊子曰：「子獨不見狸狌乎？卑身而伏，以候敖者；東西跳梁，不避高下；中於機辟，死於罔罟。今夫斄牛，其大若垂天之雲。此能為大矣，而不能執鼠。今子有大樹，患其無用，何不樹之於無何有之鄉，廣莫之野，彷徨乎無為其側，逍遙乎寢臥其下。不夭斤斧，物無害者，無所可用，安所困苦哉！」

齊物論

南郭子綦隱机而坐，仰天而噓，荅焉似喪其耦。顏成子游立侍乎前，曰：「何居乎？形固可使如槁木，而心固可使如死灰乎？今之隱机者，非昔之隱机者也？」

子綦曰：「偃，不亦善乎，而問之也！今者吾喪我，汝知之乎？汝聞人籟而未聞地籟，汝聞地籟而未聞天籟夫！」

子游曰：「敢問其方。」

子綦曰：「夫大塊噫氣，其名為風。是唯無作，作則萬竅怒呺。而獨不聞之翏翏乎？山林之畏佳，大木百圍之竅穴，似鼻，似口，似耳，似枅，似圈，似臼，似洼者，似污者；激者、謞者、叱者、吸者、叫者、譹者、宎者、咬者，前者唱於而隨者唱喁。泠風則小和，飄風則大和，厲風濟則眾竅為虛。而獨不見之調調，之刁刁乎？」

子游曰：「地籟則眾竅是已，人籟則比竹是已，敢問天籟。」

子綦曰：「夫吹萬不同，而使其自已也，咸其自取，怒者其誰邪！」

大知閑閑，小知閒閒；大言炎炎，小言詹詹。其寐也魂交，其覺也形開，與接為搆，日以心鬥。縵者，窖者，密者。小恐惴惴，大恐縵縵。其發若機栝，其司是非之謂也；其留如詛盟，其守勝之謂也；其殺若秋冬，以言其日消也；其溺之所為之，不可使復之也；其厭也如緘，以言其老洫也；近死之心，莫使復陽也。喜怒哀樂，慮嘆變慹，姚佚啟態；樂出虛，蒸成菌。日夜相代乎前，而莫知其所萌。已乎，已乎！旦暮得此，其所由以生乎！

非彼無我，非我無所取。是亦近矣，而不知其所為使。若有真宰，而特不得其眹。可行已信，而不見其形，有情而無形。百骸，九竅，六藏，賅而存焉，吾誰與為親？汝皆說之乎？其有私焉？如是皆有為臣妾乎？其臣妾不足以相治乎？其遞相為君臣乎？其有真君存焉？如求得其情與不得，無益損乎其真。一受其成形，不亡以待盡。與物相刃相靡，其行盡如馳，而莫之能止，不亦悲乎！終身役役而不見其成功，苶然疲役而不知其所歸，可不哀邪！人謂之不死，奚益！其形化，其心與之然，可不謂大哀乎？人之生也，固若是芒乎？其我獨芒，而人亦有不芒者乎？夫隨其成心而師之，誰獨且無師乎？奚必知代而心自取者有之？愚者與有焉。未成乎心而有是非，是今日適越而昔至也。是以無有為有。無有為有，雖有神禹，且不能知，吾獨且奈何哉！

夫言非吹也，言者有言，其所言者特未定也。果有言邪？其未嘗有言邪？其以為異於鷇音，亦有辯乎？其無辯乎？道惡乎隱而有真偽？言惡乎隱而有是非？道惡乎往而不存？言惡乎存而不可？道隱於小成，言隱於榮華。故有儒墨之是非，以是其所非而非其所是。欲是其所非而非其所是，則莫若以明。

物無非彼，物無非是。自彼則不見，自知則知之。故曰彼出於是，是亦因彼。彼是方生之說也，雖然，方生方死，方死方生；方可方不可，方不可方可；因是因非，因非因是。是以聖人不由，而照之於天，亦因是也。是亦彼也，彼亦是也。彼亦一是非，此亦一是非。果且有彼是乎哉？果且無彼是乎哉？彼是莫得其偶，謂之道樞。樞始得其環中，以應無窮。是亦一無窮，非亦一無窮也。故曰莫若以明。以指喻指之非指，不若以非指喻指之非指也；以馬喻馬之非馬，不若以非馬喻馬之非馬也。天地一指也，萬物一馬也。

可乎可，不可乎不可。道行之而成，物謂之而然。惡乎然？然於然。惡乎不然？不然於不然。物固有所然，物固有所可。無物不然，無物不可。故為是舉莛與楹，厲與西施，恢詭憰怪，道通為一。其分也，成也；其成也，毀也。凡物無成與毀，復通為一。唯達者知通為一，為是不用而寓諸庸。庸也者，用也；用也者，通也；通也者，得也；適得而幾矣。因是已。已而不知其然，謂之道。勞神明為一而不知其同也，謂之朝三。何謂朝三？狙公賦芧，曰：「朝三而暮四。」眾狙皆怒。曰：「然則朝四而暮三。」眾狙皆悅。名實未虧而喜怒為用，亦因是也。是以聖人和之以是非而休乎天鈞，是之謂兩行。

古之人，其知有所至矣！惡乎至？有以為未始有物者，至矣，盡矣，不可以加矣。其次以為有物矣，而未始有封也。其次以為有封焉，而未始有是非也。是非之彰也，道之所以虧也。道之所以虧，愛之所以成。果且有成與虧乎哉？果且無成與虧乎哉？有成與虧，故昭氏之鼓琴也；無成與虧，故昭氏之不鼓琴也。昭文之鼓琴也，師曠之枝策也，惠子之據梧也，三子之知幾乎，皆其盛者也，故載之末年。唯其好之也，以異於彼，其好之也，欲以明之。彼非所明而明之，故以堅白之昧終。而其子又以文之綸終，終身無成。若是而可謂成乎？雖我亦成也。若是而不可謂成乎？物與我無成也。是故滑疑之耀，聖人之所圖也。為是不用而寓諸庸，此之謂以明。

今且有言於此，不知其與是類乎？其與是不類乎？類與不類，相與為類，則與彼無以異矣。雖然，請嘗言之。有始也者，有未始有始也者，有未始有夫未始有始也者。有有也者，有無也者，有未始有無也者，有未始有夫未始有無也者。俄而有無矣，而未知有無之果孰有孰無也。今我則已有謂矣，而未知吾所謂之其果有謂乎？其果無謂乎？天下莫大於秋毫之末，而大山為小；莫壽於殤子，而彭祖為夭。天地與我並生，而萬物與我為一。既已為一矣，且得有言乎？既已謂之一矣，且得無言乎？一與言為二，二與一為三。自此以往，巧曆不能得，而況其凡乎！故自無適有以至於三，而況自有適有乎！無適焉，因是已。

夫道未始有封，言未始有常，為是而有畛也，請言其畛：有左，有右，有倫，有義，有分，有辯，有競，有爭，此之謂八德。六合之外，聖人存而不論；六合之內，聖人論而不議。春秋經世先王之志，聖人議而不辯。故分也者，有不分也；辯也者，有不辯也。曰：何也？聖人懷之，眾人辯之以相示也。故曰辯也者有不見也。

夫大道不稱，大辯不言，大仁不仁，大廉不嗛，大勇不忮。道昭而不道，言辯而不及，仁常而不成，廉清而不信，勇忮而不成，五者園而幾向方矣，故知止其所不知，至矣。孰知不言之辯，不道之道？若有能知，此之謂天府。注焉而不滿，酌焉而不竭，而不知其所由來，此之謂葆光。

故昔者堯問於舜曰：「我欲伐宗、膾、胥敖，南面而不釋然。其故何也？」舜曰：「夫三子者，猶存乎蓬艾之閒。若不釋然，何哉？昔者十日竝出，萬物皆照，而況德之進乎日者乎！」

齧缺問乎王倪曰：「子知物之所同是乎？」

曰：「吾惡乎知之！」

「子知子之所不知邪？」

曰：「吾惡乎知之！」

「然則物無知邪？」

曰：「吾惡乎知之！雖然，嘗試言之。庸詎知吾所謂知之非不知邪？庸詎知吾所謂不知之非知邪？且吾嘗試問乎汝：『民溼寢則腰疾偏死，鰌然乎哉？木處則惴慄恂懼，猨猴然乎哉？三者孰知正處？民食芻豢，麋鹿食薦，蝍蛆甘帶，鴟鴉耆鼠，四者孰知正味？猨猵狙以為雌，麋與鹿交，鰌與魚游。毛嬙麗姬，人之所美也；魚見之深入，鳥見之高飛，麋鹿見之決驟，四者孰知天下之正色哉？自我觀之，仁義之端，是非之塗，樊然殽亂，吾惡能知其辯！』」

齧缺曰：「子不知利害，則至人固不知利害乎？」

王倪曰：「至人神矣！大澤焚而不能熱，河漢沍而不能寒，疾雷破山而不能傷，飄風振海而不能驚。

若然者，乘雲氣，騎日月，而遊乎四海之外。死生無變於己，而況利害之端乎？」

瞿鵲子問乎長梧子曰：「吾聞諸夫子，聖人不從事於務，不就利，不違害，不喜求，不緣道；無謂有謂，有謂無謂，而遊乎塵垢之外。夫子以為孟浪之言，而我以為妙道之行也。吾子以為奚若？」

長梧子曰：「是黃帝之所聽熒也，而丘也何足以知之！且汝亦大早計，見卵而求時夜，見彈而求鴞炙。予嘗為汝妄言之，汝以妄聽之。奚旁日月，挾宇宙？為其脗合，置其滑涽，以隸相尊。眾人役役，聖人愚芚，參萬歲而一成純。萬物盡然，而以是相蘊。

予惡乎知說生之非惑邪？予惡乎知惡死之非弱喪而不知歸者邪？麗之姬，艾封人之子也。晉國之始得之也，涕泣沾襟；及其至於王所，與王同筐床，食芻豢，而後悔其泣也。予惡乎知夫死者不悔其始之蘄生乎？夢飲酒者，旦而哭泣；夢哭泣者，旦而田獵。方其夢也，不知其夢也。夢之中又占其夢焉，覺而後知其夢也。且有大覺而後知此其大夢也，而愚者自以為覺，竊竊然知之。君乎，牧乎，固哉！丘也與女，皆夢也；予謂汝夢，亦夢也。是其言也，其名為弔詭。萬世之後而一遇大聖，知其解者，是旦暮遇之也。

既使我與若辯矣，若勝我，我不若勝，若果是也，我果非也邪？我勝若，若不吾勝，我果是也，而果非也邪？其或是也，其或非也邪？其俱是也，其俱非也邪？我與若不能相知也，則人固受其黮闇。吾誰使正之？使同乎若者正之？既與若同矣，惡能正之！使同乎我者正之？既同乎我矣，惡能正之！使異乎我與若者正之？既異乎我與若矣，惡能正之！使同乎我與若者正之？既同乎我與若矣，惡能正之！然則我與若與人俱不能相知也，而待彼也邪？

何謂和之以天倪？曰：是不是，然不然。是若果是也，則是之異乎不是也亦無辯；然若果然也，則然之異乎不然也亦無辯。化聲之相待，若其不相待。和之以天倪，因之以曼衍，所以窮年也。忘年忘義，振於無境，故寓諸無境。」

罔兩問景曰：「曩子行，今子止；曩子坐，今子起。何其無特操與？」景曰：「吾有待而然者邪？吾所待又有待而然者邪？吾待蛇蚹蜩翼邪？惡識所以然！惡識所以不然！」

昔者莊周夢為胡蝶，栩栩然胡蝶也。自喻適志與！不知周也。俄然覺，則蘧蘧然周也。不知周之夢為胡蝶與？胡蝶之夢為周與？周與胡蝶，則必有分矣。此之謂物化。

海鴿文化出版圖書有限公司
Seadove Publishing Company Ltd.

古學今用 176

莊子南華經

作者　秦榆
美術構成　騾賴耙工作室
封面設計　九角文化設計
發行人　羅清維
企畫執行　林義傑、張緯倫
責任行政　陳淑貞

出版　海鴿文化出版圖書有限公司
出版登記　行政院新聞局局版北市業字第780號
發行部　台北市信義區林口街54-4號1樓
電話　02-27273008
傳真　02-27270603
e - mail　seadove.book@msa.hinet.net

總經銷　創智文化有限公司
住址　新北市土城區忠承路89號6樓
電話　02-22683489
傳真　02-22696560
網址　https://reurl.cc/myMQeA

香港總經銷　和平圖書有限公司
住址　香港柴灣嘉業街12號百樂門大廈17樓
電話　（852）2804-6687
傳真　（852）2804-6409

CVS總代理　美璟文化有限公司
電話　02-27239968
e - mail　net@uth.com.tw

出版日期　2024年11月01日　四版一刷
定價　360元
郵政劃撥　18989626戶名：海鴿文化出版圖書有限公司

國家圖書館出版品預行編目資料

莊子，南華經／秦榆作--
四版，--臺北市 ： 海鴿文化，2024.11
面 ；　公分. －－（古學今用；176）
ISBN 978-986-392-538-5（平裝）

1. 莊子　2. 注釋

121.331　　113015043

Seadove

Seadove

Seadove

Seadove